音楽ノート

ヴィルヘルム・フルトヴェングラー

Vermächtnis　Wilhelm Furtwängler

芦津丈夫　訳

白水社

1954年8月9日，バイロイトでのベートーヴェン『第九シンフォニー』の演奏会

〔左ページ〕旧ベルリン・フィルハーモニー（1944年空襲により破壊）での演奏会

1950年、パリでベルリン・フィルハーモニー管弦楽団と

音楽ノート

Wilhelm Furtwängler
Vermächtnis
F. A. Brockhaus, 1956

目次

序文

死にあたってヴィルヘルム・フルトヴェングラーは、あまたの手稿を残しました。それは、部分的にはまだ最終的な推敲を経ていない数篇の論述と、彼が数十年にわたりいわば自己との対話としてカレンダーに書きこみ、最初は公表するつもりのなかったアフォリズム風の考察と覚え書であります。

すでに一九五四年十月に発行された書物『音と言葉』の最初の編集の時期に、これらのさまざまな資料をも収集し、出版することが計画されていました。最晩年のヴィルヘルム・フルトヴェングラーは彼の妻に、自分の遺稿を検討して整理し、そこから適当に選択したものを公表するように依頼しています。夫人は、この選択の範囲を狭めるよりも、むしろ拡げるほうがよいと判断しました。これまでヴィルヘルム・フルトヴェングラーについて語られた多くのもののなかで、人間および芸術家としての彼を解明する点で、たとえ大部分の手記が最終的に仕上げられていないにせよ、彼自身の言葉にまさる適切なものはないと考えたからです。

音楽に寄せる深い愛情から、音楽の存続、その未来についての憂慮から、彼はこれらの手記の公表を希望しました。それらは現代を担っている人々と、次の若い世代の人々にあてた彼の遺言にほかなりません。

ズーゼ・ブロックハウス

第一部　カレンダーより

一九二九年

芸術とは非大衆的な事柄である。しかも芸術は大衆に向かって語りかける。不可思議なことは、最も単純なものは最も偉大な人によってのみ表現されるということ、そして最も複雑なものは街路に転がっているということである。

偉大さとは魂のうちにある。

一九三〇年

オーケストラを前にして――
話すときには相手の顔を見ること！

落ち着いて話すこと！
要求のすべてを完全につらぬくこと！
なにごともできるだけ簡潔に語ること！
絶えず、まっすぐな澄みきった視線！
なるべく笑わないように。
たえず積極的にし、決して腹を立てないこと。
個人的なことで譲歩しないこと。

＊

すぐれた、真正で絶対的な音楽形式は、厳密な意味においてもっぱらドイツ人の所有するところであった。世界に反響をよび起こしたドイツ文学やドイツ哲学にしても、ドイツ音楽の存在について知るところはほとんど皆無であったと言える。しかもこの音楽は、時とともにしだいに明らかにされることであろうが、ドイツ精神の最も明晰かつ清澄な、最も深遠にして個性的な表現であり、およそ近代人の生み出した究極の、きわめて独創的で偉大な芸術的成果なのである。

一九三二年

ラジオの聴衆が音楽会から受けとる、あの栄養素のない、ひからびて生気のぬけた煎じ出しを心底から音楽会の完全な代用物とみなすことができるのは、もはや生《なま》の音楽会が何であるかを知らない人だけである。

一九三四年

マタイ受難曲
(a) 空間としての教会が今日では拘束となっている。マタイ受難曲が演奏されるすべての場所に教会が存在するのだ。
(b) コーラスの人数は空間の大きさに関係してくる。それがどこまでバッハの願望にかなっていたかも私たちにわからない原譜の人数配置は、ここでは規準とならない。大衆を表現する合唱において多数の人間を配置することは妥当である。メロディーの透明さは演奏の質いかんに関わる。それが合唱の多人数配置によって損なわれることはほとんどない。たとえばオーケストラの、弦部門での合唱風の配置においても同じことが言える。むしろ実際には、多くの教会に見られる不充分な音響効果によって損なわれている。

　コラールの形成は「個人的な」告白のための形成ではない。コラールの歌詞ならびに音楽に見られる形態、併せてコラールの置かれた場所は、ここでは形姿化が要求されていることを明白に示している。もちろんその場合の形姿化は、すべての「真の」形姿化がそうであるように、バッハのコラールの客観的な性質、とりわけこの場合にはその普遍的な性質に即し、同時にコラールが作品の内部で占める特殊な意義と位置とにも即さねばならぬ。ここで形をくずして聴衆をいっしょに歌わせるというような試みは、理知に偏した構想から出たものであり、現代音楽界の改革の試みに見られる多くのものとおなじく、露骨な知性主義にほかならない。

＊

　レーヴェ(1)によるブルックナーの第九交響曲の改訂が特筆に値する労作であることがわかってきた。きわめて立派なものであるから、これについて二、三の基本的な言葉をここに書きとどめておくことが必要である。レーヴェはまず第一に管弦楽法《インストゥルメンタツィオーン》を柔軟化し、それによって内容がより明確に聴き取れるようにと心がけている。この意味において、彼の修正はどこまでも実演者による改訂であると言ってよい。実演者は、さらに数えきれない試演を通してすべてを実際の音として吟味するという特典を有しているのだ。レーヴェがブルックナーの理念を放棄することなく現存する諸関係に適応させた強弱法《デュナーミク》についても、これと同じことが言える。この点に関し、原譜すなわち「活字」熱狂者は、レーヴェの行き過ぎであると主張する。しかし私は、もしブルックナーが実際の音を聴いていたなら、おそらくこれに満足していただろうと信じている。案出された強弱法が――たとえばバッハにも同じものが見られるが――いかにして現実に置き換えられるかを示す適切な例がここにうかがわれる。疑念を呼び起こすものは、せいぜい数回にわたる《つねに強く《センプレ・クレッシェンド》》の《しだいに弱く《ディミヌエンド》》への変更だけであろう。これは言うまでもなく楽器の性質を考えればつねに説明のつくことである。第三に、レーヴェはしばしば主題にもとづいて楽句を仕上げたり、経過句を作ったりしている。これらはもちろん原譜からの明らかな逸脱を示すものである。たとえこれに関する詳細は不明であるにせよ、レーヴェの心に浸みわたっていた巨匠に対するかぎりない崇拝の念、また彼の作品に対する忠実さなどを考慮すれば、レーヴェがこれらの改訂をブルックナーの合意なしに企てるというようなことは決してなかっただろうと私は考えている。それゆえ、もし私たちの音楽財のすべてが理論的・文献的な「原譜」癖の犠牲になりさえしなければ（こうした原譜癖はベートーヴェンやショパンなどの場合にはもっともであるにしても、ブルックナーにおいては、上記の例が示すようにまったく違った結果を生じる）、ブルックナーの第九交響曲は遠い将来までレーヴェ版を通して生命を維持することであろう。

（1） Ferdinand Löwe（1865-1925）ヴィーン生まれの指揮者。ブルックナーに師事し、のちブルックナーの交響曲の編集にあたった。

*

表現されたものは形式を持たねばならぬという感情とともに、形式が何ものかを表現せねばならぬという感情も失われてしまった。芸術家を芸術家たらしめるものは、形成の能力であって、若さとか老いとかではない。

一九三五年

要は善意ではなくして——もしそうだとすれば、音楽学校の生徒ならだれしも「作品に仕えるしもべ」となりうるであろう——、精神的な前提である。能力とか意欲ではなくして、存在である。

一九三六年

他人に要求することなく素直に自己を実現し、存在とか業績によらずともおのずから生長してゆく人々がいる。

多くの仕事を果たしながらも、つねにその仕事を通してさらに要求をかかげる人々がいる（リヒャルト・ヴァーグナー）。

なにひとつなしえないゆえに要求をかかげる人々がいる。この人々の行為は、しいて言えば、要求すること以外のなにものでもない。彼らはいたるところで概念を混乱させる（リヒャルト・ベンツ(1)）。

（1） Richard Benz（1884-1966）ドイツの文化哲学者。文学、芸術、音楽にわたってドイツ精神史を考察し、著書も多い。

＊

プフィッツナーは音楽における精神の優位を（とりわけ室内楽において）保持した唯一の存在である。彼は自己の弱点をさらけ出すことを恐れない。彼は稀に見るほど脆《もろ》く、傷つきやすい。だが彼は、他のなにびとにもまして真正である。それゆえに彼は、過去の人々に比してとは言えずとも、同時代人のなかでは偉大であったのだ。

＊

他人の作品との絶えざる関わり合いは自己自身の運命から注意をそらせ、重大な危機をも見分けにくいものにしてしまう。長年にわたって、私は知性主義との戦いが最も重要なものであると考えていた。現在の私は、もはやそうではない。そのための時間の余裕がないのである。私は、他の人人がそれと戦うのを眺めている。知性主義はみずから消滅するか、それとも生き抜くかすることだろう。それは現在、われわれの一度は通過しなければならぬ世界的運命である。

＊

巨匠の偉大さへの信奉は、およそ人間の偉大さへの信奉である。発展への信奉は、およそ物質への信奉である。

＊

人間的感動の大部分は人間の内部にあるのではなく、人と人との間にある。

＊

タクトを振ることに関する問題——打ち出される姿勢によって、流れるメロディーへの感情が打ちこわされる。

＊

晩年のベートーヴェンに対する私の情熱的な若々しい心がまえ（中年期のヴァーグナーにも看取されるものであるが）、また晩年のゲーテに対してのそれが、いかに異常なものであったかが、最近にしてわかってきた。——私の本性の予感。

＊

厳正な古典的芸術作品が、かつてそれを真に体験したことのある人にとっては、結局のところ、あの一見はるかに多彩で生き生きとしたスラヴやラテンのあらゆる音楽作品よりも優れたものに感じられるということは、注目に値する。ここにブラームスの不可思議な、すべてに挑むような力、生きた連関の深みに発する力があるのだ。

＊

すべての再現的《レプロドウクテイーフ》な音楽が、性格をだめにする。最初は真正なのであるが、それが自己目的に高められるとき、必然的にまやかしとならざるをえない。なぜなら、体験とは熟練によって思うままに取り戻せないからである。すべての真に偉大な人は、彼らの再現の力をよみがえらせる別の源泉を有している。

＊

暗譜指揮には大きな長所も具わっている。その際、解釈者は作品と長い間ひたむきに取り組まねばならず、このことがつねに必須の前提だとされる。しかも、絶えず新しい気持で作品にのぞむことが肝要であろう。

＊

ヴァーグナーとともに両極端が意識されるにいたった。底知れぬ沈潜、個々の和音の緊張、解体的な作用などに、きわめて意志強固な終結とカデンツ構成とが相対している。それゆえ彼はロマン主義者ではない。『トリスタン』においてすら、とどのつまりは絶えず活動力と現実性とに考慮が払われているのであるから。

＊

絶対音楽の大部分は——すでにハイドン以来——凝縮作用から成り立っている。すなわち内容が圧縮され、高昇し、再び分散する（『エロイカ』第一楽章の展開部）。ここでそれを無視して拍子どおりに演奏することは作品に忠実ではなく、むしろその反対である。イタリア音楽はこの凝縮作用を知らない。グルックにも同じことが言える。

＊

真の芸術とは何か。技巧に走ることを必要としない能力である。

＊

利口な人々、あまりにも賢明な部分思考者たちから身を守るために、今日の私たちは半生を費やさねばならぬ。しかも人々は、このような陶酔、世界支配的な思考、すべてを意識化しようとする欲求などの果てが、全体的な消耗、無関心、野蛮さなどにすぎないのではなかろうかとみずからに問う。

一九三七年

ひとは芸術作品に没頭せねばならぬ。すなわち作品とは閉ざされた世界、他に依存しない世界なのである。この没頭は愛と呼ばれる。愛とは評価すること、つまり比較することの逆である。それは無比無類のものを観取する。開かれた世界、つまり評価する知性の世界は、すぐれた芸術作品の価値を決して正しく把握しえない。

＊

いかにしてさまざまな傾向が生まれるのか。控え目なホモフォニー、ロマン主義、「新しい」音楽、ヴァーグナー、現代作曲家たちの難行苦行《アスケーゼ》などが？　これらは、つねに反作用である。しかし決して真のものに対してではなく、手法《マニーア》に対してであった。手法を本質的なものと見なし、ひいては反作用をもこの本質的なものに帰せしめるという危険が存在している。いずれの見方も、ともに正しくない。

＊

二種のすぐれた演奏がある。まず名演奏そのものが注目を惹く場合、私の仲間の高名な人々の演奏がそれである。第二に、演奏がまったく問題とされず、作品のみが感銘をあたえるような場合。当該の作品そのものが私に感銘をあたえ、そこに作曲家の声が聴きとられるような演奏は、つねにすぐれている。そして私見によれば、これがわれわれの真の課題である。

＊

たとえばイタリアのルネサンス芸術を観察するとき、私はこの時代の偉大な共同体的生活、共同体的意識をまさに肌身にふれるように感知する。それはどこに宿るのであろうか。幻想《ファンタジー》の凌駕にほかならない。宗教的神話の基盤をなす幻想は、統一をもたらす。それは共同の仕事、共同の感情を可能にする。悟性は分離する。それは人々を孤立させ、もろもろの世界観、敵意、戦争、破壊などを惹起する。

批評は正しさの獲得のために存在すると考えるのは、間違っている。批評とは論議するために存在するのだ。もし論議が不可能になれば、価値を有する意見は生まれないであろう。

*

宗教がユダヤ的な起源を有するかぎりわれわれに適さず、排斥されるべきであるという考え方は、誤っている。なぜなら、どの宗教にあっても形式でなくして内容が問題となるのだから。もっと明確に言うならば、外の形式とは形式をあたえる人、つまり人間によって内容を満たされる。たとえばゲルマン的キリスト教はどこまでもゲルマン的なものにとどまったが、にもかかわらずキリスト教である。「私が壺を作ったか鉢を作ったかは、つねにどちらでもよいことであった」というゲーテの言葉は、まさにここに当てはまる。敬虔な人みずからが宗教的形式に自己を盛りこむのだ。

*

一九四〇年

通例、身体的な作業（たとえばスキー）における「意欲」の過剰は、硬直現象をもたらす。精神的な作業についても同じことが言える。——とりわけ、「意欲する」のではなくて流動せねばならぬ芸術においては。

＊

偉大であるとは誠実であることだ。内と外とを調和せしめることは、偉大にして誠実な芸術家の仕事である。第一級の音楽家のなかでは、この前の世代においてただ一人プフィッツナーだけが彼なりの方法によってこのことを試みた。もっぱら建物の正面の構築に専念し、あたかも正面が本質のごとく見なされている時代において、この試みはとりわけ困難である。

＊

ブラームスの作品は、その一つ一つが「埋もれた財宝」の性質を持っている。この財宝を掘りおこす人は、未曾有の利得にあずかる。

＊

軍人にとってヘロイズムは不可欠なものであり、いわば自明の要求である。芸術家にとってはそうでない。彼にとってヘロイズムとは不可欠なものではなく、ひとつの能力であり、あらゆる緊張がそうであるように、弛緩を必要とするところの緊張である。そこでは弛緩が絶えず第一義的な、基礎的なものとならねばならぬ。ヘロイズムの文化は、より深い意味において非芸術的であり（スパルタの例）、言い換えれば純粋に政治的で非生産的である。なぜなら文化のヘロイズムは、すべての緊張がそうであるように、もし母胎となるもの、ヘロイズムへの根拠、すなわち弛緩が欠けるならば、永続的に維持されないからである。

*

ソナタとフーガは自己自身において完結する形式であり、ここでは外に向けられた作用が目標ではなくして、求めずに得られた結果である。それゆえ最高の形式、本来的な音楽形式なのである。

*

およそ芸術の営みには、たがいに拮抗し、それのみかときには排斥し合う二つの異なる傾向が支配している。すなわち歴史的（観察的）傾向と、質的（行為的）傾向とである。後者のほうが実践面では、はるかに重要な傾向であるが、今日まったく背景に退いてしまった傾向でもある。歴史的な傾向は、それが自己の枠内にとどまっているかぎり、方向づけの手段として（自己目的としてではなく）すでに価値を有する。ただしそれが蔓延するとき、一定量まではすべての健康人に必要だとされるが、その量を越えると生命を脅かし、保菌者を滅ぼしてしまうあのバチルスにも似た作用をおよぼす。

＊

現代世界と私との、つまり私の感じ方や考え方との隔たりが実際に私の思っているほど大きいものであるかどうかという問題がある。それは、今日多くの芸術家たちの体験せざるをえない一つの矛盾ではなかろうか。また同じ悩みをもつ人は、私の知り、考えている以上に多いのではなかろうか。しかし、なぜこの体験がこれほども例外なしに深刻なのであろうか。

＊

およそ肝要なことは、背景を前景とともに、また前景を背景とともに眺めることである。それが実現しないからこそ、一般に偉人の伝記というものがこれほど退屈きわまるものとなるのだ。

＊

明らかに、もし人間が真の芸術とは何であるかをほんとうに知るならば、そこに到達するための、いかなる労をも厭わないであろう。

＊

真の批評家とは、すぐれた様式を有している人、教養を有している人ではなく、夕べに耳をかたむけ、現代の出来事に耳をかたむける人のことである。瞬間に対する感覚が消失し、人間が絶えず自分自身の偏見という重荷をかついで右往左往するようになれば、すべての教養、すべての知識、すべての人間的で芸術的な基準がまるで役立たなくなる。

一九四四年

芸術においても人生においても、結局のところ一切が――まさしく一切が――知性と感性との適切な混和ということに帰着する。

＊

年齢、健康、才能、行為などとは無関係に、「初期の」人間および「末期の」人間というものが存在する（シュペングラーによる）。芸術はその中間の段階においてのみ人間にとって近づきうるものとなる。「初期の」人間はそのためには鈍感すぎ、「末期の」人間は利口でありすぎる。程度の異なる人間、つまり初期の人間と末期の人間とのあいだに、いまだかつて意志疎通のあったためしはない。両者の要求は別々であり、いずれの側も、世界が自分に等しいと信じている。現代世界は、ブショー[1]やピンダー[2]などの認めようとするほど、画一的に「末期的」ではない。彼らがこのように考えるのは、彼ら自身が末期的であるからだ。

（1） Ernst Buschor（1886-1961）ドイツの考古学者。ギリシア彫刻、ことに壺の研究をもって知られる。

（2） Wilhelm Pinder（1878-1947）ドイツの美術史家。主著として『ドイツ的形式の本質と生成』がある。

一九四五年

構築性におけるドビュッシーの無能力は否定しがたい。それは彼の用いたいくつかの手法（属九の和音）のせいであると言えよう。だが、もし彼の本性のうちにすでにこの種の無能さが宿っていたのでなければ、かくもやすやすとこれらの手法に身を委ねることはなかったであろう。この点において、シュトラウスのほうがはるかに確固としていた。しかしながらドビュッシーは――シュトラウスに比較して――強靱さにおいて欠けるものを心情によって補っている。この両者を兼備したショパンのような天才は他に存在しない。

*

権力そのものではなく、権力の乱用が悪である。ビスマルクではなくして、ヒトラーが悪なのだ。思考する人間がつねに傾向や趨勢のみを「思考する」だけで、平衡状態を考えることができないのは、まさに思考の悲劇である。平衡状態はただ感知されるだけである。言い換えれば、正しいものは――それはつねに平衡状態である――ただ感知され、体験されるだけであって、およそ認識され、思考されうるものではない。

才智にとむ人は尊大である。尊大な人はまさに尊大さによってしばしば才智めく。私が才智を好まないのは尊大さのためである。才智めくことよりも重要な事柄がいくつかある。

*

キリスト教の世界宗教は、国家の問題がいまだ存在しなかった時代に成立した。今日この世界宗教は、それ自体では相互の絶滅という答えしか導き出せないこの問題のため、予想もしなかった現実にあらためて直面している。

*

ベートーヴェン——この偉大な人間は革命家ではなくして、泰然自若とした実現者である。彼を革命家と呼ばわるのは誤りである。たんなる革命家は決して真に偉大とはなりえない。

*

魔性《デーモン》に打ち勝つための個人的な方法は思考の明晰さと正確さとである。全体的な方法は、宗教と愛である。

　人生はいまや魔性に手渡されている。このことをC・G・ユングは正しく見抜いていた。しかし医者としての彼は、魔性を抑制し、それを水の流れのように調節することが課題であると述べている。私に言わせれば、悪魔に善魔を対立せしめ、ボルシェヴィズムには宗教的な革新を、権力には愛を対抗せしめることこそ肝要である。これが「秩序回復」のための唯一の方法なのである。

＊

　現代世界から魔性を消去し、あたかもモーツァルトやバッハだけが存在するかのような顔をしてみたところで、現代世界にはなんらの益をももたらさない。ベートーヴェンやヴァーグナーは魔の深淵を開きながらも、統一をもたらす調和によって同時にまたそれを克服した。

＊

　原始の状態を引き合いに出すことには危険がともなう。今日、古代ゲルマン人を語ることが――私たちはなんといってもすでに古代ゲルマン人ではないのだから――無意味であるのと同様に、音楽を調性《トナリテート》の発見以前の時代にまでも規制しようとするのは誤っている。それは現実世界の容認できない思考組織である。すべての音楽、最も現代的な音楽ですらも、それが私たちの心に訴え、それが生きた意義を獲得してきたというかぎり、本質的に無調性ではなく、抑圧された調性である。抑圧された調性とは、ストラヴィンスキーやヒンデミットなどの現実によって最も見事に特色づけられるものである。

＊

私の書物『音楽に関する対話』(1)の運命は、私の作曲がたどった運命にひとしい。過度の敏感さのため、私はこの本をただちに出版には移さなかった。このことによって私は自分の考え方が――表現ならびに思考そのものにおいて――あまりにも決定的かつ原則的であることを察知するための可能性を自己自身から奪ってしまった。

（1）〔原注〕アトランティス出版社、一九四九年。

＊

交響曲的な音楽は単声的・旋律的な音楽よりもはるかに強い感銘をあたえる。前者においては、個々の部分がそれとはまったく別な規模のもとに全体によって担われているからである。

＊

芸術世界の知性化と愚鈍化に見られる特有のなりゆき。有機的な過程が個々の作品に求められず、歴史のうちに求められている。この発展の先駆者、すなわち尊敬すべき最初の「歴史家」たち。――生半可な教養が普及し、歴史的思考の大衆化した時代を迎えてからすでに久しいが、いまこそ再び本質的に考えるべき時代である。いわば立派な自動車道路を有し、それによって訪問者の数は年ごとに増すものの、実のところはしだいに忘れられつつある国に譬《たと》えられよう。現今あまねく見られる、偉大な芸術との真の対応に見られる浅薄さは、ほとんど止揚しがたい。

＊

全ヨーロッパ人の憂慮するところは、いかにヨーロッパ文化の巨大な遺産がロシア、アメリカを相手にしながら受け継がれ、維持されうるかということだ。ここで役立つただ一つのものは、思考の明晰さと自己の感情に対する勇気とである。

＊

ショパンが彼の最高傑作に見せる柔軟さと音の輝きは、実にみごとな作曲の技法に結びつき、他に比類なきものである。個々の部分の充実と全体の安定性においてこれに匹敵しうるのはバッハのみであるが、ただしバッハは他の前提のもとに立っている。

＊

歴史家の口を借りて言えば、もっぱら歴史的に解明され、是認されてきたヴァーグナーからシェーンベルクへの歩みは、まさしく完全に非歴史的な第一歩、歴史との最初の、真の決裂である。

＊

レーガーは真の意味において粘土足の巨人である。このドイツ印象主義音楽家は、ドビュッシーとはちがってどこまでも「退廃派《デカデント》」であった。彼が所有するものは見せかけの対位法、見せかけの形式、見せかけの旋律法であり、すべてが建築物の正面にすぎない。にもかかわらず途方もなく大きい才能、そしてドイツ的な、気高く保たれた無垢の自然。

＊

ビューローは「ブラームスとヴァーグナーは演奏における真の情熱を有した類のない存在であった」と書いているが、これはまことに当を得た観察である。意外なことと思われるが、ほんものの情熱はきわめて稀である。

＊

芸術家の立場から言えば、過度の感情と、たんに「思考された」観念とは本質的に同じものである。両者ともに「静力学的《シュターティッシュ》」には重要でない。私はこのことをつねに感じていたが、それを認識するまでに残念ながらほぼ六十年を費やした。

＊

正しい均衡を保ち、「静力学的」に安定している楽曲は、決して法外な長さを必要としない。法外に長い作品（ブルックナー）に対する聴衆の嫌悪は、もっともな根拠を有している。

＊

芸術作品が高さだけでなく広さを、深さだけでなく充実を有することが必要である。プフィッツナーは高く、あえて言うならば、深くもあった。だが広さと真の充実とが彼にはまったく欠如している。これに対してシュトラウスには深さが欠けている。ドビュッシーはきわめて非現実的で、きわめて脆弱であるが、いとも崇高であり、いわば最後に咲いた花である。ストラヴィンスキーはもはや花ではない。彼は技巧、現実性そのものであり、そこにはいかなる彼岸性も宿されていない。彼は瞬間の人間であるが、未来の人間ではない。

＊

作品一〇一番の《アリエッタ》(1)についてのラフマニノフの拒否的な意見は、いかにも彼らしい。ここでスラヴ人の彼はドイツ人の純粋さと広闊《こうかつ》さをまったく理解していない。このことは他の多くの領域においても繰り返されている。

（1）ベートーヴェンの『ピアノ・ソナタ第三二番』（ハ短調）の第二楽章を指す。Arietta は元来「小さなアリア」の意。

＊

生粋の知性的な進歩理念による脅威は、今日にはじまったものではない。十九世紀末のすぐれた作曲家たちはだれしもこのことを知っていた。ヴェルディにおける休止の十三年間、スメタナやその他の人々に見られる長期の準備、チャイコフスキーにおける良心の呵責。

＊

だれであってもよい、全世界の作曲家のうちだれか一人が、いちどリヒャルト・ヴァーグナーに真似て、『ラインの黄金』でラインの娘たちが歌う、あの結びの合唱のような曲を作ってみるがよい。

民族の魂の深みから、しかもきわめて独創的に、じかに語りかけるこの力は、ヴァーグナーだけの所有するところであった。

＊

ドイツ人の孤独性が非難される。ベートーヴェンはきわめて孤独な人間であった。しかしながら、まさに彼の作品が共同体形成の最大の力を宿している。それでは、この孤独性はどういうことになるのか。すべてのこうした判断は、早まった、知性にわざわいする誤った判断である。

＊

私は心理学者にかぎりない退屈をおぼえる。彼らはすべての直接的な、真の、実質的な関係を不可能にしてしまう。どの程度まで？ これを確認することこそ、本当の心理学にふさわしい課題であろう。

真実の敬虔さからあれほど遠くかけ離れていたプフィッツナーが『パレストリーナ』[1]を書き、ドイツ人のなかで最も肯定的な思想家であったゲーテがメフィストを創ったということは、まさに特筆に値する。

（1） イタリア十六世紀の宗教音楽作曲家パレストリーナを題材としたオペラ。一九一七年六月、ミュンヒェン初演。

＊

あらゆる思想家について、私たちはまず第一に、彼が創造者の「党派」に与《くみ》しているか、批評者のそれに与しているか、つまり彼がファウストであるかメフィストであるかを問わねばならぬ。前者のみが責任感と愛を出発点としている。だが後者のモットーは、「生成する一切のものは、滅びるだけの価値しかない」[1]ということに尽きる。

（1） ゲーテの『ファウスト』でメフィストーフェレスの語る言葉。第一部一三三九行目以下を参照。

＊

＊

どうしてベートーヴェンの演奏がこのように粗悪なのであろうか。それは、彼が彼の気質にしたがって極端な諸状況を具現しているからである。再現者も同じく、極端な状況に身を置かねばならない。多くの人は最初からこれをなしえない。またある人はこれを欲しない。彼らはこの極端な状況を支えている深い調和と合法則性を知らないのだ。この二つのもの、つまり普遍的な合法則性と極端な特殊性とを支配できる人だけが、いかにベートーヴェンの作品を正しく再現するかを考えうるのである。

＊

彼らは暗示、ニュアンス、精神、イロニーなどのすべてを理解し、しかめ面《つら》の背後にさまざまな世界を予感させる術《すべ》を心得ている。だが彼らは一つのこと、すなわち心情の、偉大さと高貴さの単純な言葉を理解しない。これを他のすべてに優先させることが、ともかく私の持ち前である。

＊

現代的な幼稚症《インファンティリスムス》！　それはオネゲルにおいてすでに告知され、ショスタコーヴィッチにおいて全盛をきわめた。まさにアルバン・ベルクやシェーンベルクなどの重荷を負った労苦とは正反対のものである。幼稚症は、さらに無遠慮に、自己の心理的な状況を大衆のそれに優先させようとする。

＊

世間の考えというものは、賢者の分別ある言葉によろうとも最大の愚か者の発言によろうとも、感化の大小には変わりない。ブラームスにとって、シューマンの彼についての指摘がどれほどの益をもたらしたか。結局のところ皆無である。要は、ある考えがどんな風に、どれほど執拗に表明されるかの一点にかかっている。

＊

偉大な芸術家を形成するものは直観的な精神とか高邁な心だけではなく、なによりもまず思想の崇高な秩序である。彼の思想の調和は、宇宙の調和を反映するものであらねばならぬ。すべての芸術的天才は「秩序の力」である。あの「無秩序な」ベートーヴェンにしても、いな彼の場合こそとりわけそうなのである。

＊

ヴァイオリンとは歌う楽器であり、ヴァイオリン奏者は楽器のなかからおのずと各楽句を歌の楽句として形成し、把握している。それゆえ、ここでは「客観的」なバッハの表現が（たとえばメニューインのバッハ演奏が示すように）まったく適切である。今日、原則的には打楽器と見なされているピアノの場合と同じ意味で「客観的」なのではない。「歌」の意味で事象を形成することこそ、バッハにおいてはもっぱら重視されるのだ。

＊

人間は、集団に属し、自己を集団として感じているかぎり、より高い特性を持たないし、またそれを必要ともしない。より高い特性とはあくまでも個性にかかわる事柄である。

＊

記念碑的《モヌメンタール》な芸術作品にともなう危険は、聴衆ならびに解釈者がそれにあまりにも早く飽きてしまうことである。それは簡素化ということに起因している。簡素化があまりにも「簡素な」ものに感じられ、もはやその本来的な意味において、妥当な形式を得るための長い苦闘の結果であることが理解されていない。ここでつねに役立つものといえば、あらゆる真正な芸術作品に生き生きと現われている有機的な過程を新たに指摘することだけである。

＊

誤った見解、理念、概念を得るための戦いによって私たちは精力を消耗する。その間に、世界は沈黙のうちにこれらのものを無視してしまう。それらが誤りであるからにほかならない。私たちは時間と精力を浪費したのだ。戦いの身がまえに凝り固まってはならない。およそ論争とは、いかなる性質のものであれ、最終的には非生産的であり、また非生産的たらしめる。

＊

真のロマン主義者は――ヴェーバー、あるいはシューマンにしても――若さの天才であった。彼らは最も重要な作品を青年期に書き、若くして創作力を使い尽くしてしまった。その点においては、プフィッツナーもまた真のロマン主義者である。ひとはこの意味でのロマン主義を生きることはできても、正統な学説として教示することは困難である。プフィッツナーが――おまけにあのうんざりする教師根性をもって――ロマン主義を教えようとする態度こそ、彼において精神と生命を阻害しているものである。老境に入ってからの彼は、いわば直観を悟性的に要求している。もし彼がいまなお真に直観の人であるならば、たとえばロダンのように、まさに直観の補充であり反対であるもの、すなわち「秩序づけの法則」としての悟性を求めることであろう。

＊

音楽家は、あまたの多少とも美的な感情もしくは趣向を披瀝するが、真のシンフォニー作曲家（たとえばベートーヴェン）は聴衆のまえで運命を展開させる。運命をして語らせるという能力は、たんなる音楽を作ることに比して、疑いもなく、より大きな、より強靭な能力である。

＊

敵に精神的な武器で立ち向かうのではなく、敵を残忍な実力行使によって打ち負かすという可能性によって、ヨーロッパの生命、いな世界の生命は、関心と真の価値とにおいて無限の喪失をまねいた。ボルシェヴィズムとナチズムが現われるにいたって、中世の騎士道的な伝統は全面的かつ決定的に失われたのである。

＊

マレー(1)やフォイエルバッハ、それのみかすでにゲーテやクライスト(2)の提起した記念碑的なものに対する問いが、今日、音楽においても持ち上がってきている。この問いの起源は、娯楽的な音楽と記念碑的な音楽とを意識的に区別した晩年のベートーヴェンに求められるであろう。ニュアンスとか極度に個性的な真実性に生きる人々、すなわちニーチェやリルケが求めた人間はすでに見られない。現代に要請される作品を創るためには、一つの普遍意識を自己のうちに取り入れる、むしろそれを自己の内面から取り出すという能力が必要である。

（1） Hans von Marées（1837-1887）ドイツの画家。いわゆる「新ロマン派」の代表者。
（2） Heinrich von Kleist（1777-1811）ドイツの劇作家。奔放な想像力と大胆な構想を盛った多数の戯曲を書いた。

＊

すべての偉大で芸術的な時代は、死産の「独創性」よりも、生きた、自然な因襲を選びとった。ただ私たちだけが独創性のためにあらゆる犠牲、生命の犠牲すらをも払っているのである。

＊

「汝が我にしたごとく、我も汝にする」という方法は、卑劣な人間の方法である。平手打ちを喰わされたとき、私はいかなる事情にあろうとも――このような人間の要求に従うなら――それを相手に返さねばならぬ。それによって、私は自己の立場を持たずに相手の立場に身を置き、私の義務や正義心というものを忘れて報復主義に盲従することになる。これが、絶えずいたるところに見られたヒトラーの立場であり、それは彼の「信奉者」たちから一見すみやかに党派を形成した。

＊

肝要なことは、精神の豊かさでもなければ、深い感情でもない。ひとえに正しいもの、真実なものである（私は六十歳にしてこのことを記す）。

＊

正しい読解さえ可能となるならば、中国人、インド人、ギリシア人などの古代の偉大な叡智を、私たち自身の世界からも（たとえばバッハやベートーヴェンから）ひとしく読みとることができるであろう。それのみか、後者のほうがすぐれている。なぜなら、古い叡智がこのようにして私たちの叡智となるのであるから。

＊

闇のなかで引っかきまわすことを私は好まない。しかし闇のうちに生き、闇のうちにとどまるべきものを無理やりに明るみに引き出すことも、同様に好まない。

＊

内向的な人間であるドイツ人は、とかく現実的な事物に対する心的な操作をなおざりにしがちである。現実の世界は彼にとって「別の」世界であり、神聖視される内面世界から永遠に隔離されている。モラルの内への誇張は、外への拒絶をもたらす。一方が他方の肩替わりをしている。そしてドイツ人といえば、自己の忠誠の誓いや自己の義務にしたがって行動するとき、その行為が犯罪ではないかと問うこともなく、いとも容易に満足するのである。

＊

ゲーテは調和化《ハルモニズィーレン》する。彼は永遠なる自然のために悲劇的な矛盾、たとえばミケランジェロやクライストを回避する。なるほど彼の調和化は節制にほかならないが、ただ方法上だけのことであって、本質的にではない。リルケの調和化は時期尚早である。彼の調和は弱者の小心な生き方である。たしかに部分的には深遠な洞察もあり、いくらか遊戯めいたものも感じられるが、しかしながら巨大な砦《とりで》、また大きな矛盾は回避されるのである。リルケが規範となるような世代は、まさに死滅の宣告を受けている。その世代は、あまりにも多くを知りすぎているのである。

一九四六年

R・シュトラウスがかつて私に語った。「真にシンフォニー的な作品を書いたのは若いときだけです。いまはオペラを書いていますが、シンフォニー的な着想はもはや湧きません。」この言葉は何を意味するのだろう。シュトラウスが晩年には自分の音楽的な表現のためにオペラを選んだということは周知である。しかし、なぜ彼にはもはやシンフォニー的な着想が湧かなかったのか。このことは彼の年齢、あるいは時代全体の表現能力とかに関係するものであったのか。

シュトラウスの意見は正しかった。実のところ真にシンフォニー的なものは、彼が『英雄の生涯』『家庭交響曲』『アルプス交響曲』などの交響楽的な大作品を書いた時代ですら、すでに彼の念頭に浮かばなかったのである（にもかかわらず、ここには純シンフォニー的ないくつかの部分が見られる）。これらの曲はいずれも組曲風に構想された巨大なシンフォニー的作品であり、シンフォニー的な特性、すなわちシンフォニー固有の、自己充足的で自己形成的な主題操作がそこには欠如している。この意味においてブラームスとブルックナーは、いかに両者がたがいに性質を異にしていたとはいえ、最後の本格的なシンフォニー作曲家であった。

*

ひとは誤った見解を得るために戦い、論争しているようなものだ。そして世界は、その間じっと沈黙していて、これらの見解に一瞥すらあたえない。言い換えれば、ひとは戦いの身がまえに執着してはならない。あらゆる論争はとどのつまり非生産的であり、また非生産的にする。

*

お喋りめいた悪意、底意からではなく、ただ戯れめいた悪意が、この世における大半の不幸の動機となっている。それにしても世界とは根底において、表面にうかがわれるほど悪意的ではない。

*

ヴァーグナーの、効果に関する偉大な知識を悪意に解する人々がいる（シェック[1]）。この知識が、真の創造性に取って替わろうなどとはせず、それを支え、促進しているかぎりでは、ひたすら祝福すべきものである。

（1） Othmar Schoeck（1886-1957）現代スイスの代表的な作曲家。オペラ、歌曲、室内楽曲などにすぐれた作品を残している。

＊

創作の意欲が強すぎれば、形成に至らない。形成の意欲が強すぎれば――このような場合も実際にある（たとえばプフィッツナー）――、創作に至らない。

＊

私の戦う相手は――

芸術における組織化されたもの、

不恰好なもの、

枯死したもの。

＊

ブルックナーのシンフォニー楽章の再現部《レプリーゼ》においては、自由奔放にして妥当性に欠ける造形が、ある種の人々によって模範的なものとされてはいるものの、その欠点を暴露する。ベートーヴェン、いなブラームスにもまだ見られた繰り返しが、ブルックナーにはもはや不可能である。もしそうだとすれば、彼はシンフォニー楽章の内部において何をすべきなのであろうか。とりわけ最初のいくつかの楽章がしばしば再現部に見せる空白は、こうした状況から生じたものである（第四、および第七交響曲）。

*

有能な作曲家は今日多い。おそらく以前よりも多くなっている。それは、いたるところで見られるように、この分野においても技術が合理化されたからである。ただ楽譜を紹介したり自分自身を演じるだけではなく、客観的《ザッハリヒ》に形成する、つまり事象《ザッヘ》に仕えながらも形成することのできる指揮者といえば、その数は少ない。

*

檻に閉じ込められると死滅する動物もいるし、一方そこで増殖する動物もいる。自分のこれまでの経験によれば、私は間違いなしに前者に属するであろう。

*

私は自己をできるだけ厳密に吟味しようと試みてきた。私は決して他の人々よりも優れているわけではない。だが自分の本性がいかなるものであったかを語らずにはおれないのである。この場合、二つの事柄があげられる。私の祖国ならびに私の国民への愛情という形而下的・心的な性質のものと、祖国にあって不正の除去という課題を担おうとする感情とである。この地においてのみ、ドイツ民族の心情のための戦いが可能になる。国外では、抗議するのが関の山で、これならばだれにでもできることなのだ。

*

リルケの価値は彼のあたえる調和的なはたらきにある。彼自身は恩恵というものに無縁であるが、恩恵の何たるかを知り、恩恵に浴しない世界にそれを語ることができる。世界は、現に恩恵にあずかっている人々の言葉よりも、むしろリルケに耳を傾けようとする。シュピッテラー(1)も言ったように、世人が楽園そのものを体験するよりも楽園についての説話を聴きたがるのにひとしい。真実のところ、まさに悲しむべきことであるが、現代の世界は恩恵の状態にもはや耐えることができない。しかも、永遠にこの状態をあこがれつつ憔悴すべく運命づけられているのである。

（1） Carl Spitteler (1845-1924) スイスの詩人。現代に叙事詩をよみがえらせた詩人として知られる。

*

平凡さの概念についての意見はさまざまである。すべての判断とは、判断の対象について語るとともに、判断する人間を語っている。平凡な人々はきわめて非凡な事物、たとえば第九交響曲の最終楽章をも平凡であると感じる。問題は普遍的な価値を有することであって、平凡さではない。

＊

たいていの人は（ヘルマン・ヘッセにしても）、詩人といえば美しい言葉で美しい感情を表現することのできる人間であると考えている。私の見かたによれば、詩人、とりわけ劇作家とは人間を創造しうる人にほかならない。詩人が言葉をまったく必要としないとき、すなわち状況もしくは人間の行為や反応がすでに一切を言い尽くしてくれるとき、彼は最も偉大である。シェイクスピア、ヴァーグナー、グリルパルツァー(1)などはこのような詩人である。月並みのドイツ人は詩人としてのヴァーグナーとグリルパルツァーを看過している。ヴァーグナーあるいはグリルパルツァーが描く形象の深い真実は、それが語るものを通して示されると同様に、それが沈黙するもの、すなわち語らないものを通しても示される。これらすべての形象はいくらかのものを――場合によってはきわめて多くのものを――沈黙せねばならぬ。ただし、それらの本性のうちに宿る沈黙を通してであり、たとえばイプセンに見られるような文学上の「技法」によって沈黙するのではない。

（1） Franz Grillparzer（1791-1872）オーストリアの劇作家。ロマン主義の時代にあって古典主義と審美主義への復帰をめざした。

＊

生にあっては何ものかが活動せねばならぬ。問題がいつまでも未解決のままであったり、愛が永遠に成就されなかったり、作品が永遠に未完成にとどまってはならぬ。

＊

ドイツ音楽の泰然自若としたシンフォニー形式は大きな弛緩作用、すなわち自己の内面から発する深い調和の能力にもとづいている。それは、他の何ものによっても補いがたいリアルな「能力」であり、ドイツ音楽のゆるぎない世界的価値を決定するものである。

＊

かつて哲学者のジンメルは、今日われわれは一面性の偉大さを有しないが、そうかといって偉大さの一面性を有するわけでもないと語った。あるいは次のように言うことも可能であろう。われわれは多面性の非生産性を有するが、そのためにまた非生産性の多面性と知識をも有するのだと。

＊

世紀末に比して、おそらく今日のほうが才能の持主は多くなっているであろう。しかし才能の実現は、レーガー、プフィッツナー、マーラー、シュトラウスなどの場合よりもはるかに脆弱になっている。

＊

批評家への提言――
新しい作品が最初に「気に入る」かどうかは重大でない。決定的なことは、その作品が聴衆にとって、三度目、四度目に聴いたときに、最初よりも気に入るかどうかである。

＊

人間、すべての人間の核心は、神、言うまでもなくさまざまなあり方をしている彼自身の神との宗教的なつながりにある。現代の文明人のみが方式《メトーデ》から出発し、神なしの人生を理解する。それゆえ彼は方式の習得にかくも躍気となるのだ。いかに自分の生活が無内容で空虚なものとなっているかに、彼自身は気づいていない。

＊

指揮者におけるきわめて重要な問題は――もっぱら「芸術家よ、ただ形成せよ。多弁を弄するな」(1)という言葉が重きをなす彼の指揮活動そのものは別として――プログラムの問題である。第一次大戦の終わったころ、私が一九二三年にベルリンとライプツィヒでのニキシュの地位を受け継ぐ直前のことであるが、いちど私は当時行なわれていた、いわゆるプログラム交換を通して情報を集めようと試みた。当時の情勢は現在に似ていた。人々はいつもいつも同じ作品ばかりを聴かされることについに嫌気がさし、ただドイツだけでなく、世界に存在することを感じようとしていた。人々は音楽文献の全宝庫を知ろうとし、とりわけ現代世界、すなわち若い力が表現されることを願っていたのだ。まずその結果として、古典派や偉大なロマン派の作曲家たちのものが、いくつかの稀にしか演奏されない副次的な作品にいたるまで、ほとんど全面的に姿を消し、すぐれた新しい作品と並んでただ「新しい」というだけに尽きる無数の作品が登場した。

(1) ゲーテの格言詩よりの引用。

＊

偉大な巨匠とはどのような人か。悪趣味に堕することを危惧する必要もなく、泰然として自然のままでありうるような感情の強さと高貴さとを身につけた人である。

処生術に長じた人とは何者のことであろうか。たえず他人のことを思い、他人の虚栄心にまで気を配る人間のことである。

＊

私が現代音楽に反対であるのは、それが生の大部分を横領するからである。たとえば、謙虚さや敬虔な心のきざしすらをも横領してしまう。

＊

一九四七年

ドイツ音楽は、古典音楽をも含めて、ヨーロッパの潜在意識的な心情の事実を示している。フランス音楽は、よき趣味の流派である。私はフランスの現代のシューマンとも言えるドビュッシーを絶えず愛し、比類なく個性的な、偉大で情味ゆたかな彼の芸術の醍醐味を、最高度に評価することができた。ラヴェルはこれに比して、むしろ意識的に古典的であろうとした巨匠である。この二人に肩を並べるのがストラヴィンスキーであるが、彼は――少なくとも部分的には――フランス音楽の歴史に属するであろう。

ドイツ音楽はリヒャルト・シュトラウスを抜きにしては考えられない。今日ではヒンデミットが指導的な役割を果たしている。さて、ここにもまた現代音楽家の自己の存在を求めての戦いがうかがわれるが、その戦いはなによりもまず過去の音楽に対してなされている。しかし決定的なものは詮ずるところ、専門家ではなくして、大衆――理想的な意味における――がどこまで加担するかということであろう。音楽の未来は思想体系にではなく、まさしくこの一点にかかっているのである。

＊

ヒンデミットにおいて、さらにはクシェネック(1)、ヴァイル(2)、トッホ(3)、また、クライスラー、ヴァルター、クレンペラーなどにおいて、いかなる理由で彼らが国外に移住したかは別問題として、とどのつまり私たちが私たち自身のドイツ的な音楽文化に出会っているということは一考に値する。またマーラーやシェーンベルクにしても結局のところは、過去のメンデルスゾーンと同じく、もっぱらドイツ音楽史に属し、この音楽史がただドイツのみならず彼の地(4)においても十二か年(5)を経過し、十二年にわたって――今日では長い年月を意味するが――発展をとげたということも同じく事実である。

(1) Ernst Křenek (1900-) 一九三八年にアメリカに移住したヴィーン生まれの作曲家。厳格な十二音技法にもとづく作品が多い。
(2) Kurt Weil (1900-1950)『三文オペラ』の作曲で知られるユダヤ系音楽家。一九三三年にドイツを亡命、三五年よりアメリカに定住。
(3) Ernst Toch (1887-1964) ヴィーン生まれの作曲家。マンハイム、ベルリンで活躍したが、ナチス政権の確立とともにアメリカに亡命した。
(4) アメリカ合衆国を指す。
(5) 一九三三年より一九四五年まで、つまりナチス政権の時代。

*

形象化された音楽、完璧に形象化された音楽が、はじめて混沌《カーオス》を自己の内に包容することができる。それ以外のあらゆる音楽は混沌を自己の外に有している。作品がよりよく、より古典的に演奏されるにつれて、混沌は、より明確に作品の内に姿を見せるはずである。

*

様式の問い、たとえば「進歩的」であるかどうかというような問いは第一級の問いではなく、第二級、いな第三級、第四級の問いである。真のインスピレーションが現われるやいなや、こうした問いはただちに本来所属する場所に後退してしまう。もちろん、それはしばしばインスピレーションの代弁者としての機能を果たさねばならない。

＊

楽譜に忠実な演奏。それは、文献学が認識よりも重要であることに対する最初の承認である。もはや事象《ザッヘ》が問題とされず、楽譜に逃避しているのだ。

＊

最初に人々はメロディーをその環境とともに創り出した。これが古典的様式の意義である。やがて主題だけの創作（ヴァーグナー）、つづいて「環境」だけの創作（印象主義者）が現われた。両者ともにもはや完全な自然に即応していない。シュトラウスの後期の交響楽的な作品、あるいはリストに見られる環境なしのメロディーは、メロディーの造形的な凝縮を抜きにした環境（ドビュッシーやレーガーにしばしば見られるような）が考えられないのと同様に、そもそも不可能なものである。

＊

真の解釈者は、彼の指定するあり方で音楽を聴くことを聴衆に要求する。ブラームスにおいてはシュトラウスの場合と異なった聴き方をするわけであるが、ただしこれは正しい演奏に関してだけ言えることである。

たとえばブラームスに対して要求される聴き方は綿密さをきわめ、そこには音楽的なものと心的なものとが多分に関係してくるから、多数の聴衆にとっては至難のわざとなる。ブラームスの「不成功」はまさにこの点にある。

＊

ただ一つの着想でも、それがほんものであれば、鳴りひびく間にすべての理論の代わりを果たし、それらを無用のものとする。もし作曲家がたんに着想を「持つ」だけではなく、それを展開させ、着想の命ずるところを実現するだけの冷静さ、厳格さ、そして力量を有するならば、あらゆる理論は無用のものとなるであろう。

一九四八年

シュトラウスの音楽においては、技術的な面での衝動《インプルス》がそれ以前の世代に見られるよりも強くなり、精神的な面での衝動は弱くなっている。

＊

音楽の正しい聴き方には二種のものが必要である。音楽性（素質）、そして偉大な作品から流れ出る情熱と生の温かみとをあますところなく感知し、受け入れるために充分な、有機的な生命力である。一方だけで他方が欠ければ物足りない。しかし両者を兼ねあわせることは稀である。

＊

欠点、おそらく多くの欠点を持ってはいるが、かつて創造された最大の傑作に属する芸術作品がある。また欠点はないが、だれの関心をも惹かないような多数の、きわめて多数の芸術作品がある。ある作品、ある表現に宿る生命力や偉大さを観取する批評家――このような人はきわめて稀有である――もいるし、自分で捏《こ》ね上げた欠点を指摘すること以外には何もしなかったような批評家もいる。

*

芸術家の課題――まず第一に展開、すなわち具象化。第二に表現における統括。それは前進でも後退でもなく、具象化における精神的な中点である。

一九四九年

物質《マテーリエ》は自立しようとする。それはみずからの法則を持っているのだ。ドイツ人が強制収容所を設立したように、原子爆弾がそれ自体のために促進されたように、無調性《アトナリテート》は音のため、つまり無調性そのもののために展開された。人間が忘却されたのである。私たちは今日いたるところで物のために人間を忘れている。もしこの傾向が「物」の領域においてなおも意味を持つならば、と言うよりも、そのあまりにも呪わしい成果を収めているのだとすれば、人間の領域、すなわち芸術や倫理の世界には恐るべき事態が生じている。それは自己自身の放棄であり、無慈悲な世界精神の無知の力に舵《かじ》を譲りわたすことである。

＊

権力の獲得や行使には神々が必要でない。すでにモンゴル族が、のちにはソヴィエト連邦、ヒトラー、ムッソリーニ、また流浪のユダヤ人などが示すところである。それは、暴行や誘惑に愛が必要でないのにひとしい。

＊

意図ありげに繰り返し発せられる「自分は現代音楽を全面的に否定する」という主張は、まさに笑止千万である。私自身は、もし私がストラヴィンスキー、オネゲル、ヒンデミット、バルトーク、その他多くの人々の成果や努力に対して心からの関心を寄せるのでなければ、絶対に許さないであろう。ところで私が古典作品に対してとおなじく、現代作品に対しても私自身の意見を伏せておきたくないという気持には、もっともな理由がある。私が音楽について考えたり、読んだりするものではなく、私の聴きとるもの、音楽から流れ出るものが、ひたすら肝要なのである。大衆との正しい、充分に理解のある触れ合いによって、現代音楽もまた生存しうるであろう。

ちなみに私がとりわけ古典音楽に取り組むのは、今日それが私に必要だと思われるからである。

私たちが現代音楽を自己のものとするのは、それ次第である。私たちを心服させるかどうかは、現代音楽そのものにかかっている。現代音楽は、この課題を可能なかぎり遂行するであろう。なぜならその背後には、関心を寄せる現存の人間が控えているのだから。古典音楽はこのような代弁者を有しない。

＊

円孤が横断され、素材が素材として使い果たされるということを承認するのは、現代人にとって困難である。いかなる素材も、それがまさに素材であるから、またそれが素材であるかぎり、いつかは使い果たされざるをえないことが明白であるにもかかわらず、絶えず目覚めている精神にとっては、未来に一つの終止点を認めることが矛盾だと感じられる。だからといって、悲観的になる必要はない。なぜなら、一事に関して精神はどこまでも正しい。すなわち精神的なものには終止点がなく、枯渇ということがないのである。

一九五〇年

シベリウスは、偉大な印象派芸術家たち、すなわちシュトラウス、レーガー、ドビュッシー、ラヴェルの世代からの、最後の生存者である。彼は祖国のため、いな全北欧のためにいまいちど口を解きほぐし、言葉を語った。この言葉において、北欧の人々は自己を再認識し、自己を再発見する。

一九五一年

私たちは、無調性を信じていた時点をすでに通過した。そのような幻想は過去のものとなり、それと同時に、新しさの理念への底知れぬ埋没からなる零《ゼロ》の地点が踏み越されたのである。真の「新しさ」に至る道が開かれた。新しさが生あるものを窒息させるという危険も束の間のことであった。私は未来を信奉している。すなわち心情、構築性を、自由のなかでの拘束（調性）を信じるのである。

＊

ラジオは公共の施設である。それは聴取者たちの金によってまかなわれている。聴取者にとっては、自分たちの金がどのように使われているかということが決して無関心事ではありえない。

一九五二年

生きた作品は、思想や理論によって破壊されることがない。かといって、その生命が思想や理論によって守られるということもありえない。肝要なのは、火花が飛び移り、生きた音楽が生きた聴衆を見出すということである。そこでは、自己の過剰の知性による固定観念のなかに忌まわしく捕えられた現代に見られる、あの即座に準備され、いつでもすぐ仕上がる知ったかぶりなどは、まったく無視されるのである。

＊

音楽は、案出されたり構築されたりしたものではなく、成長したもの、いわば直接に「自然の手」から生まれ出たものである。この点において、音楽は女性に似通っている。

一九五三年

革命は発展ではなく、絶対にそうはならないであろう。革命というものに飽き飽きしている今日、私たちはそれがいかに退屈なものであるかを知っている。革命は否《ナイン》を言うことによって生きる。しかし、すべての真正なる芸術とは然り《ヤー》を言うことにほかならない。

第二部　論文と断片

一音楽家の時代的考察

以下の文章は、芸術家の立場から書かれたものである。思索的な方法によって普遍的で合法的な事柄を語ることは、たしかに芸術家の仕事ではなく、彼は、生命を水コップのなかに搾り出そうとする試みがつねに多くの面で不充分なものに終わるであろうことを、分かりすぎるほど分かっている。そして間違いなしに、彼はまた次の省察を繰り広げるような苦労からできれば免れたいものと、心より願うことであろう。ひたすら、この省察の契機は、芸術家から――残念ながら――芸術の本質についてのある程度の明白さと自覚とを要求する現在の状況によるものである。これは、昔の幸福な時代には必要ではなかった。あらゆる概念の信じがたいほどの混乱が現代を特色づけているが、その混乱のもとに、まさしくこの明白さと自覚とが軽視できない防護手段となり、それが芸術家に、極度に知性化された現代を前にして、芸術家の地位にとどまることを容易にしている。

一見、明らかに「芸術」の現象に思索的な方法で近づくという企ては、学問の心と使命のもとになされているように思われる。もし私たちが、芸術の擁護者としてこの課題にのぞんでいると言うのならば、それの意味するところは以下においてはじめて明らかにされるであろう。

ここでは法則が示され、限界が設けられるが、それは私たちの芸術認識を拡げるのではなく制限するためであり、換言すれば芸術の問題に明白さをもたらすためではなく、どこまで明白さそのものを持ちこむことが許されるかを提示するためである。

＊

芸術的な創造過程に注目してみよう。これを一つの戦いとして表現するのが最も適切である。この戦いを喚起する抵抗は素材（最も広い意味での）のうちに、つまり、たとえば形態、色彩、和声などのうちにある。その際、明らかに問題は、この素材に内在するもろもろの力を相互作用へと統合し、秩序づけるところにある。したがってこの素材とは、芸術家が制作の前にそれを自然状態のうちに見出すときのように、完全に無形で無秩序なものであらねばならぬ。構築的な芸術、特に音楽にあっては、このことが模倣的な芸術や文学におけるよりも明瞭に現われる。もちろん、ここでも究極的には事態に変わりはないのであるが。音楽家は自己の素材のエレメントを無限の可能性として手中に有している。彼の創造とは現にまさしく一つの戦いであり、音楽的素材のうちに、それに固有な和声的および律動的な法則とともに宿っている多様な運動と力とを、統一的な方向にもたらし、これらを共通の全体的作用へと強いるための戦いである。

厳密に観察すれば、私たちはこの過程、この秩序づけのうちに二つの方向を見分けることができる。その一つは、それぞれの小さな単位が隣接の諸単位と結びついて新しい、より大きな単位を形成し、これを続行するという場合である。それは一者の他者からの緩やかな生長であり、個に発して全体に向かう諸部分の首尾一貫性である。第二は、これとは反対に、すべての個々の部分を統《す》べるまとまり、確固たる所与の事物としての全体の統一体が、そこから再び各部分に働きかける場合である。それは個々のものから出発するのではなく、むしろ諸部分をごく細部にいたるまで規定している。ここで重視すべきは、すべての真の活力にみちた芸術作品にあっては二つの方向が互いに補充し、浸透し合い、いずれもが他方を通してのみ作用するということである。今日はじめて、私たち自身の芸術にこれら二つの方向の絶対的な統一がもはや存在しなくなったので、およそ私たちには、これらの方向をその差異のうちに認めることが可能となったのである。

もちろん、これら二つの方向は、いわば芸術作品の骨格をなしているにすぎない。しかしこの認識を本質的に越えるところにまで到達することは、探求する知性には許されていない。総じて私たちが芸術の現象に対する説明を求める場合、せいぜい芸術的要求の認識にまで遡りうるのが関の山である。その際に語りうるのは、芸術的な形成過程をなす上述の二つの形態化の方向には、二つの異なる主観的な芸術的要求が呼応していることであろう。たとえば、全体から部分に向かう形成力には、このようにして多かれ少なかれ、ある種の全体の表象が前提とされ、この形態化の方向の根底には芸術家の、世界とのきわめて直接的な、深い関係から発する根源的な衝動が横たわっている。私たちはこれを世界を前にしての愛、謙虚、敬虔、畏敬、感嘆と名づけることができる。しかし、いまひとつの形態化の方向には、そこでは個々の部分が全体の表象によって程度の差はあれ明確に導かれてはいるものの、部分の過程を通してはじめて全体をおもむろに生成させるのであるが――私たちはこれを部分の首尾一貫性と名づけた――、この方向には、現象を通しての世界の情熱的な把握と支配意欲とが呼応している。この支配＝形成意欲の激しい衝動こそ、芸術家を作品の生成に際して生気づけ、彼を一歩一歩、最小のものから徐々に大きなものへと前進させる力である。ところで、ここで彼を導いているものは、彼自身の関知しないことも多いが、彼の魂のうちにまどろむ、あの全体像にほかならない。この両者は、すなわち世界をその個々の最も直接的な生命において把握しようとする、きわめて情熱的な意欲と、魂がつねに神の賜物として感じている、まさにこの世界への愛情とは、そもそも一体をなすものである。現代人に、次のことを理解してほしい。世界を愛することなしに、世界をその現象のうちに本当に捉え、形成することは不可能である。しかしまた世界をこの愛のうちに全面的に把握しようとせずに、世界を愛することも不可能なのである。

＊

芸術的形成過程の内部において、全体の統一から出発する方向にとって基盤となるもの、それを私たちはここで、あえて一つの名をあたえるため、「ヴィジョン」と呼ぶことにしたい。それは全体についての多かれ少なかれ明確な表象である。芸術家にとって、ヴィジョンは彼の制作において、およそ制作そのものは状態ではなく、戦いと勝利をともなう活動なのであるから、彼の到達しようとする目標となり、彼をして、対象のあらゆる方向へといざなう誘惑や邪道を通りぬけさせる導きの星となる。それは彼に、彼自身は意識せずとも、いかにしてこれらのさまざまな力を統一すべきかの手引きを提供する。だからヴィジョンは、完成した作品においてのみ全面的に認められるであろう。しかもこのことは純粋な受容者にとってだけではなく、――ここが非常に重要なのであるが――創造する芸術家自身にとっても妥当する。なぜなら全体に発するヴィジョンとは、個々の、素材からじかに発生する力との出会いにおいて、はじめて真に生命へと目覚めるからである。具現、形成を通して、はじめてそれは自己の現実を獲得する。ヴィジョンと、素材に由来する力との間には、相互の喚起という関係が存在する。ただし最初にまずヴィジョンが言わば完全に仕上がったものとして存在し、その後はじめて満たされねばならぬというのではない。なぜなら芸術家の行為と幸福とは、彼がヴィジョンを有するという点ではなく、むしろ彼がそれを満たし、実現するという点にこそ存するからである。（芸術作品におけるヴィジョンの形成に先立つ状態、とりわけヴィジョンに内在する力や、素材に由来する力がどのようなあり方をしているかは、それなりに一つの問題であるが、ここではそれにふれない。形成に先立つヴィジョンをどう捉えるかについても同じことが言える。）

つまりヴィジョンは、本来その具現を通してはじめて成り立つ。それゆえ、たとえば芸術家のヴィジョンの大きさを問うような――人々はこれを観念の大きさとも、ときには誤って意欲の大きさとも呼ぶが――、いかにも現代的な問いかけは、芸術家が素材のうちに、ヴィジョンを表現にもたらすそれ相応の力を見出しているかいなかなどには顧慮することなく、まったく無益なものとなっている。そこから価値判断を引き出したりするのなら、それは有害だとすら言える。ここでも再び明らかにされるように、偉大なのは、つまり誰が偉大さを発揮するのかは、志向ではなく実現であり、ヴィジョンではなく、その形成である。そしてここにだけ、ともに含まれてヴィジョンも同時に存在するのである。

しかしまさにこの事実が、いかに理解されていないことか。ヴィジョンと素材との程度の差こそあれ大きな分離が、いかに慣習化し、きわめて広範囲にわたってまさに事実として、芸術の必然的な付随現象として見なされていることか。これを示すものが「理想主義《イデアリスムス》」、「現実主義《レアリスムス》」などの通俗的な表現であり、それらは、いかなる真の芸術作品を前にしても崩壊して無と化してしまう概念である。

真の作品を前にすれば、この二つの立場のいずれに芸術家が属するかなどは、ほとんど副次的な事柄であると思われる。音楽家の「宿命」とは、彼の素材の性格ゆえに、「理想主義」である。ヴィジョンを実現する力とともに、この実現の絶対的な必要性に対する感情もしだいに失われてしまった。いまやその結果として、芸術家は彼の作品にテキスト、理念、標題などの形で指導的なヴィジョンを付加し、概念的な仕方で、彼が感情的な仕方では解明できないものを聴衆に解明しようと試みるか、あるいはこれも断念して、まったく聴衆との直接的な関係を喪失するかのいずれかである。その場合、彼のヴィジョンは自分自身のためにだけ存在するものとなり、音楽は不明瞭になる。音楽は語らずに、口ごもる。自然主義的な芸術家は形成せずに観察し、理想主義的な芸術家、つまりここでは音楽家は、造形せずに感じるようになる。だが私たちは、半分しか理解しない言葉、いな、もともと半分しか理解の不可能な言葉に、耳を貸すという義務があるだろうか。

このことは音楽家の素材というものに関係する。たとえば造形芸術家に見られるような一種の自然主義には、この素材は手の届かないものである。これによって、さまざまな誤謬と危険とが、音楽家にはなくなる。音楽に可能な自然主義は、概して、リズムに現実の事象の時間的経過を模写する能力があるかぎりリズムに結びついている。しかしリズミカルなものは事象の現実全体の一部にすぎないから、事象そのものは音楽にあっては自然のままに表現されず、いわば聴き手によって連想を通して表象され、ある程度まで推測されるにすぎない。それゆえ、この種の音楽の自然主義は、多くは舞台に結びつき、舞台上の出来事や仕草のうちに説明を求めるようになる。あるいは現実の事象が、近代の標題音楽に見られるように、聴き手によってまず音楽へと解釈を通して置き直されねばならない。(このことは、それがただ漠然となされるだけだという点は別として、つねにいくらか強引な過程であり、受容者に対しての、ある種の無理な要求である。それは受容者に少なくともある程度の善意を前提としている。)

リズムが一種の自然主義をなおも可能とするのに対して、音楽のもう一つの要素である和声は、それをまったく排除する。(1) すでに一つの現実の和声が鳴りひびくだけで、それは私たちを絶対確実に芸術の世界に引きこみ、あらゆる具象的な現実を完全に忘れさせる。

＊

さてここでは、芸術としての音楽の根本条件や可能性を論じることが私たちの課題ではない。現代の音楽の状況、また今日の概念の混乱のもとにあっては、このためには数巻の書物が必要であろう。ここでは、ごく簡潔に以下のことだけを述べておく。芸術としての音楽の可能性は、ある特定の音響を、みずからに安らうもの、それ自体で生きるもの、存在するものとして感知する能力に結びついている。ここからはじめて客観的な芸術形式の可能性があたえられる。歴史上に展開されたさまざまな音楽形式は、ひたすら一つの法則の豊かな、しだいに分岐されていく解釈であるように思われる。この法則の最も単純な方式を「カデンツ」のうちに見ることができる。ここで私たちは偉大な巨匠たちをその作品のうちに観察するが、バッハのフーガやベートーヴェンの交響曲などは、いわば自然そのものから口述された不可思議きわまる形式意志に仕えるものにほかならない。だがそれだけではなく、これまでショパンやヴァーグナーからプフィッツナー、ドビュッシー、シュトラウスにいたるまで真に音楽的な創作において成就されたものは、もちろん時にはそれぞれ別な仕方で全体に統一されていることも多いが、(2)同じ源泉に由来しているのである。

すべての真の発展は、今日まで一方ではこれらの基本状況に発する諸関係を拡大し充実することによって、他方ではその関係にやどる力をしだいに集中し緊張することによって存続してきたし、今なお存続している。その際、基本状況そのものは一瞬たりとも問題にされることがなかった。そして、いかにして将来このような事態が到来するようになるかなどは見きわめがたい。万一われわれが別の音組織、たとえば四分音で(3)感じ、作曲するようなことになれば話は別であるが。それはリンゴの樹がカシの木から生え出ないように、現在支配している音組織からは絶対に生じえないであろう。(4)

四分音、その他の可能性についての、あらゆる見解の動機をなすものは、意識の有無にかかわらず進歩の思想である。それは人類に対しても芸術に対しても、今日、かつていかなる異端審問にも、いかなる宗教的迷信にも見られなかったほどの圧制を行使している。

その理由はどこにあるのか？

ヴィジョンの具現、形成は、芸術家にとってヴィジョンを意識することと一致している。なぜなら、ただ予感されただけの「ヴィジョン」が素材の現実の力と結びつき、その結果、両者が完全に重なり合い、相互に他者を表現することによって、まさにこのヴィジョンをその現実において、すなわち素材との関連において意識的に認識することが成り立つからである。これは、この融合のプロセスが完全であればあるほど顕著なものとなる。この意識は形成のプロセスが到達したところにまで等しくおよび、ヴィジョンにとって、しかるべき、それを完全に表現する力が素材のうちから見出される瞬間に生成する。すべての形成のプロセスが終わるとき、それはまさしく意識を通して終わる。当の作品についての仕事と喜びが停止し、作品が「完成」される。つまり、このように意識は、素材と、具現されるべきヴィジョンとの間の、まさにあの関係を内に包括する。すなわち芸術家は、最後に彼自身の仕事を通して、いかにしかじかのものを表現するかを経験したのである。それは、彼にとっては今後すべての新しい作品に具わる譲渡できない知識である。意識とは、このようにして多かれ少なかれ意図されない目標、創造の終点なのである。すでに到達した目標、終点にいまいちど到達することはできない。それができないのは、それが無意味であるからだ。（たとえば成就した作品をもういちどやり直したり、完全に表現したものをもういちど表現しようとすることの無意味さは、自然もまた、私たちが新しいもの、なんらかの理由でまだ体験していないもの、つまりいまだ意識にのぼらなかったものに向かい合う場合だけ、すべての自分の所有する力を駆使するという事実によって証明するところである。)

*

芸術家がひとたび、いかにしかじかのものを表現すべきかを学びとれば、彼は次回にそれを適用する、それも私たちが既成の事実、ひとつの知識を適用するときのように、つまり新しい全体の一部分として適用することであろう。最初それ自体で目的を有していたものが新しい鎖の一環として、すなわち手段として把握され、それはみずからの自立的な価値を失ってしまう。こうしてあらゆる進歩、あらゆる発展が、個別的にも全体的にも生じるのである。

このことは、素材より生成し、芸術作品の全体において細部を形成する表現単位に関するかぎり言いうる。なぜなら全体は当然のことながら最後のもの、決定的なものとして手段とはなりえず、新しいものの部分としては扱いえないからである。全体の意識からは、それゆえ芸術家にとっては、新しい作品ごとに一つのまったく新しい全体を、いわば古い世界とはもはやなんの関わりもないまったく新しい世界を具現するという可能性と必然性とが生まれる。だからこそ最大の形成者、すなわちヴィジョンの完成者、実現者たちが実に異なるさまざまな作品を創造したという、また最も偉大な人々が最も多方面的で包括的な人でもあったという事実が存在するのである。彼らは、また最も意識した人々でもあった。しかし、その意識が関係したのは、決して彼らの前方にあるものとではなく、彼らの背後にあるものとであった。それが関係したのは彼らの行為ではなく、彼らをその行為にもたらした技能である。だからむしろ、彼らは最も知る人であったと言うことができよう。これらの一切は個々の芸術家の問題である。彼が一つの作品にやどる内容を完全に形成し、その意味を完全に表現することができるようになれば、それだけいっそう作品それ自体が、ひたすらみずからに安らい、作者を度外視して自己の生命を発揮しうるものとなるであろう。またそれに応じて作者は、新しい作品にのぞんで両手を空にし、それをまったく新しい、未知のものから取り出して形成するようになるであろう。彼の内部には以前の作品からのいわば残渣《ざんさ》の一片もなく、それに属していたすべてが、そこで同時に完成されたからである。じかに素材から生じる細部に関しては、少し事情が異なる。それらはなるほど芸術家個人の内面でも展開を経てはいるが、この展開は比較的に僅少である。生涯に最大の変化を余儀なくされた人々にあってすら、素材にのぞんでの、手法の適用の仕方に際しての、ある種の根本姿勢が最初から保たれている。この姿勢は、表現された内容と世界とが互いにまだ隔たっていようとも、つねにそれ自体では変らぬものである。

*

この素材に対する基本姿勢は素人にまず目につくものであり、彼がたとえばミケランジェロ的、ヴァーグナー的などと、個々の芸術家に即して作られた、しかるべき形容詞を付するところのものである。これによって真の個性については、今日さまざまな形で支配し、芸術史的な視点からあまりにも要求されすぎている考え方には反するが、なにひとつ本質的なことは述べられていない。むしろ、この個性とは、つねにまず個々の作品そのものにおいて現われる。なぜなら素材に対する基本姿勢とは制約にすぎず、芸術家が彼の作品、彼の世界に達するための手段にすぎないからである。だが基本姿勢はこの彼の世界と、彼自身が人格として、個性としてその世界と不可分であるという点を共有している。

一芸術家の手元で音群へと形成されるこれらの細部を、相互の類似性という観点から考察するのではなく、それらを、それ自身の存在にだけ関して、じかに素材から生まれ出るままの姿で考察する場合、事態は別である。そこには、細部はみずから分かちがたい統一をなすが、換言するなら、それらは芸術手段のもともと物質的な側面として素材への最も直接的な関係を示すから、全体に対しては絶えず部分にすぎないという事態が加わる。おそらくこれらの細部は、それぞれの芸術家の個性と切り離して考察すべきであろう。細部そのものは彼の意図や、彼の表現しようとする内容には依存していない。これらに依存するのは彼が細部から形成する音群だけであり、ついでこの音群より、上に述べた素材への基本姿勢が生じるのである。それゆえ、これらの最小の細部とは、そこを通って芸術の発展がいわば個人の頭ごしに生起する場である。個々の芸術家にとって彼の世界に達するための制約となる、あの彼の素材に対する基本姿勢とは対照的に、また、ただ一度だけ、それぞれの作品において新たに現出するこの世界そのものとは際立って対照的に、これらの最小の細部は、先立つものが後のものによって減価されるという意味での発展に支配されている。こうして、たとえば現代の音楽家にはヴァーグナーやシューマンの、いわんやモーツァルトの和声音階を用いることなどは不可能であり、絶えず、それ自体で、自発的に発展するものとは、いわば素材そのものである。この発展に抵抗したり、そこから逃亡したりすることは個人には不可能である。これこそ一時代の「様式」を決定するものであり、それ自体で時代の最大の成果にも、最小の成果にも共通している。すでにここから、この要素が、上に述べた個々の芸術家の素材に対する「基本姿勢」がそうである以上に、芸術それ自体とはもはやほとんど無関係であることが観取される。反対に、それは学問的認識には最も近づきやすいものである。

これらの素材そのものときわめて緊密に結びついた表現単位は、全体に対してはつねに部分であるにすぎないから、実践にあたっては全体との関連においてのみ適用が可能となる。その選択と形成とが全体の内容によって規定されるだけに、これらの表現単位は、それなりに再び全体の性格を規定するものとなる。ところで、すでに見たように、この素材（このように簡潔に呼ぶことにするが）には自発的な、全体との関連なしに自己にのみ基づく発展が具わっており、他方また素材とこの全体との間には非常に密接な相互作用があるから、全体を形成する力は、相互の表現を可能とするために、素材の状態とその発展の内部において一致しなければならない。これが、なぜたとえばこの芸術がほかならぬこの時代に発展するのかという問いに対しての、内的根拠となっている。すなわち時代の全体的意志が、素材に内在するさまざまな可能性と重なり合わなければならない。たとえば芸術と建築ではバロックが栄えていたのと同じ時代に、音楽ではバッハとその先駆者たちのもとで、むしろはるかにゴシックに近い形式意志が生きていたという風な、ただ歴史的には解明しがたい諸現象に対しても、説明が存在している。いずれにしても歴史的な現象を、素材それ自体の発展であれ、時代の表現意志であれ一つの要素だけで説明するのは誤りである。だが、このどちらか一方を優先させるとなれば、さしずめ後者であろう。時代全体の生命意志があれこれの芸術において自己を表現できなかったのは、ひとえに素材の発展のまさに現状がそれに呼応しなかったからである。これは考えられないことではなく、それどころか非常にありうることである。

これらの直接に素材に発する効果そのものに具わる、時代の内部での発展は、それゆえまた全体的にも感知されねばならない。現実の歴史的な発展が、このことを非常に明白に示してくれる。発展は、最初いつも、芸術家は芸術の素材に内在する可能性にまず通暁しなければならぬという風に進行した。その際、彼らは最も単純なものから開始したし、全体は、純粋に素材の力のうちから取り出され、つねに認識されていた。全体はすべての構想の意識されない基盤をなしていたが、にもかかわらずそれ自体ではいまだ形成の対象とはならず、またその可能性をまだ有していなかった。それというのも、いわばまず最初に発見されねばならぬ個々の部分が、目標を、自己の内部での統一を形成し、芸術家の本来の構想力をことごとく要求したからである。こうして全体は、細部の有機的な結合としては存続したにもかかわらず、真の意味で自立するにはいたらなかった。たとえばハイドンとモーツァルトにあっては、全体とその形式（ソナタ形式など）の操作が彼らの芸術の、他に比較して最も不確定なもの、最も因襲的なものとなっている。この形式は本質的には細部の有機的な結合と配列として存在していたし、これらの細部が作品の真の生命を形成していた。のち、特にベートーヴェンにおいて事態は変じた。さまざまな細部が、発展のプロセスを通していまや統一体として仕上げられ、時代の芸術的意識のうちに浸透し、しだいに新しい、より大きな統一体のために用立てられたのである。全体の連関、ならびに諸部分の首尾一貫性が強化された。各部分は徐々に自立性を失い、その結果、部分はついに全体への関連なしにはまったく説明できないものとなり、こうして一つの部分は、それに先行もしくは後続する部分をぬきにしてはまったく理解できないものとなる。ベートーヴェンが発展にもとづく一貫性をますます求めるようになった彼の最晩年の作品には、事実このような場合が見出される。

ここまでの発展は、有機体としての全体が不可欠であるという、自明と見なされる前提のもとに進行していた。この全体への意志に呼応する素材のさまざまな力が引き出され、展開されたのである。人々がこれらの力に従った、とも言えよう。ところでこの力も、押し寄せる意識に屈伏した。それらも自己の「発展」を体験したのである。ベートーヴェンが彼の素材への基本姿勢や、彼の創造的精神《ゲーニウス》の気質に従ってまさに全体をますます精密に、力づよく取り出す努力を重ねている間に、すでに彼の同時代人たち（ヴェーバーなど）は、ましてや彼の後進たちは、この課題に背を向けていた。有機的な全体としての芸術作品の概念は、いわば彼らの手元でもろくも崩壊してしまった。ロマン派の人々は、それを小形式で駆使したにすぎない。そしてあまりにも早く、これまでの時代の自明で、雄大な姿勢は失われてしまったのである。このときヴァーグナーが彼の戯曲の形で新しい全体、新しい統一をもたらし、のちに考察するように、それによって音楽に多数の新しい素材的統一の道を開拓した。彼の全体の特性は、純音楽的な意味での部分の首尾一貫性にはそれほど関心を寄せないだけに、一段と迫力のある素材の解釈を可能にした。だがこれによって素材そのものは、いっそう早く消耗された。こうして、おなじく自己自身に具わる「戯曲の統一」を持たないヴァーグナーの後継者たちは、いまやまったく破産寸前の状態にある。音楽的素材の法則そのものから得られる統一、それはたとえばブラームスがなおも古典派に依存して追求したところであるが、これを彼らは回避しようとする。ヴァーグナーの統一は、音楽至上主義者の彼らにとっては適切なものではない。この点からしても、さまざまな形式の（近代オペラ作品ではむしろ自然主義的な、絶対音楽ではむしろ理想主義的な形式の）標題音楽の道が、総じてすべての形式の必然性が否定されるというのでなければ、残された唯一の道であるように思われる。また直接的な素材価値に関しては、状況はよくなっていない。今日、すでに語ったものの反復にすぎないという考えから、人々は単純で明白な和声をもはや書こうとしない状況にまで至った。事実、それはまるで終末にもひとしい。その一兆候が、まったく新しいもの、旧来の素材と結びつくすべての意識内容から完全に自由なものを求める、あの発作的な、ますます周辺に手を伸ばそうとする異常な欲望である。四分音体系の理論は、多数の例のひとつにすぎない。

＊

ところで芸術家のヴィジョンの表現である全体形式も、現今、素材それ自体を支配する止めどもない発展に引きこまれたから、自分の中心的な、優越する立場を喪失してしまった。全体形式は、もはや素材を統《す》べていないとの観がある。部分を規定するものはすでに全体ではない。それは、あの「ヴィジョン」と素材の力との提携ではなく、むしろ逆に素材が第一の、規定の場を占めたように思われる。素材が全体の形式を、ひいてはまさにヴィジョンそのものを制約している。全体が部分によって腐食されている。その結果、もはや全体だけではなく、もともと全体と関わり合ってのみ存在する部分も、なくなってしまった。人々は、先行もしくは後続するものとの連関なしに、瞬間ごとに一切を表現しようと試みる。こうして人々は、あらゆる個々の孤立した素材的効果に、和声とリズムにおける物質的なものそれ自体の礼讃に、自己目的としての管弦楽法に、その他あまたの小さな部分的＝刺激的な効果に立ち至ったのである。

＊

ここまでは、一見これらのすべてが進歩のイデーを正当づけている。しかしながら芸術の歴史において素材それ自体の、および全体形式の——それがじかに素材と関係するかぎり——発展の瞬間にだけ注目するのは間違っている。なぜならこの全体形式とはヴィジョンの表現であり、ヴィジョンとは、自己の現実をひたすら素材との連関において獲得し、それのみかこの素材を通して刺激され、喚起されてはいるものの、決して素材に由来してはいないからである。ヴィジョンはむしろ芸術家の、世界そのものに対する関係の最も直接的な表現であり、だから芸術家の内部で、その固有の本性に従って、自己の実現や形成にはいささかも顧慮することなく生きている。たとえそれが、すでに考察したように、この形成によってはじめて自己の現実を獲得しているとはいえ。素材が自己のうちより相応したヴィジョンを作り出すのではなく、むしろヴィジョンが自己を完全に表現するための素材を求めるのである。そして、ヴィジョンそのものはまさに芸術家の世界に対する関係の、直接の表現として究極的なものであるから、素材それ自体に具わるような発展のあり方は不可能である。二人の異なる芸術家の基本的なヴィジョンは、まったく隔たったままで相互に向かい合っている。その際、一方が他方より刺激を受けることもあろうし、それどころか一種の接近も、ある程度までは可能であろう。しかし、この接近は外的な性格のものであるにすぎない。なぜならそれぞれの芸術家のもとで新しく、自己にのみ固有で、自己にのみ可能な世界への関係から生じるところに、まさしくヴィジョンの本質が存するからである。だから異なるヴィジョンが、歴史において次々と生起する具現のうちに、完全に並存することができる。いかなるヴィジョンも、たとえば素材の発展に見られるように、一方が他方によって余計者扱いされるようなことはない。こうして、あらゆる時代の偉大な人々が、当時の素材の発展状態にはまったく左右されずに、フェイディアスがミケランジェロと並び、バッハがベートーヴェンと、モーツァルトがヴァーグナーと並んで、私たちの眼前に存在するのだ。

*

さて私たちはこれらの事実を知るために歴史的な知識も、それ以外のなんらの媒介者をも必要とはしないが、現今の芸術家たちの多くは、これに対して盲目である。彼らがその際に、それぞれの個性の表現意志は別としても、素材の現状は以前の芸術とは別種の芸術を要求しているという感情に支配されているのなら、このことも確かに正しい。しかし彼らが、素材がヴィジョンに、部分が全体に依存し、制約されていることを全面的に否定し、さらに究極的には全体そのものを否定するなら、大いに行き過ぎである。こうしていまや彼らの手中に残されているものは本当に部分だけ、すなわち発展の現下の状態にある素材だけである。この素材そのものは、上で考察したように、進歩の法則に支配されており、それゆえ必然的に使い果たされざるをえないものである。それは芸術の完全な物質化の、素材のうちにあたえられたあらゆる芸術の要素の還元のプロセスであり、あの進歩のイデーの原因であると同時に結果でもある。ところで人々は過去の偉大な作品のもとでも、そこで用いられた手段、たとえば和声法や、形式構造の種類などのうちにだけその特色を見出している。それも当然のことながら、彼らが自己自身の芸術のうちに求め、評価しているものにどこまでも従ってである。そして、いかなる素材の力の複合も、要するに、芸術行為の本来の目的をなすヴィジョンの実現のための、世界の生気づけのための手段にすぎないということを過去から学ぼうとはしない。しかし人々は見習うことなしに学ぶということを、いつ学ぶのであろうか。

これらの一切から、最近の芸術の発展には、いかに理性的な思弁が以前とはまったく別な風に関与しているかを観取することができる。今日、芸術において扱われている進歩の概念は、この思弁に由来するものである。芸術作品の創作とは何を意味するか、またどこからそのための力を獲得するかをみずから一度も体験したことのない人々、つまり芸術の「発展」を今日主として「作って」いる人々についても、このことが少なからず言いうる。彼らは好んで芸術作品の偉大さを、その新しさによって、すなわち言うまでもなくそこで用いられた手段の新しさによって測定しようとする。真に創造的な人でも、つねに手段から、もしくは手段を形成した精神から逃れることができるとはかぎらない。進歩せねばならぬ、ぜがひでも新しいものを作らねばならぬという妄想が、ダモクレスの剣[5]のように現今のほとんどの芸術家たちの頭上にかかり、彼らから自己の内なる声を知覚するのに必要な静寂を奪い、芸術を自由で喜ばしい行為から重苦しく野心的な骨折り仕事へと変じている。

*

最近までなおも非常に活気のある芸術であった音楽も、ごく短期間のうちに、完全に一般の進歩のメカニズムのうちに組みこまれてしまったが、このためには特別な状況を必要とした。それは主として一人の人物、リヒャルト・ヴァーグナーの名前に結びつく。彼が近代音楽に及ぼしている途方もない影響は——かつて一個人がこれほど大きな影響を芸術にあたえたことはないが——その大部分が一つの誤謬[6]の結果である。

ヴァーグナー自身は、この誤謬の可能性を感じていたことだろう。ひたすらこれが彼を作家にしたのである。彼の著作の本質的な、たえず繰り返される内容をまとめてみるならば、それは二つの文章に収まる。その一つには、私は詩人であって音楽家ではないとあり、他の一つには、真に人間の魂の最深部を表現できる言葉とはひとえに音楽だとある。ここに横たわる真の、もしくは見せかけの矛盾は、現代の言葉に置きかえるならば、私の作品の全ヴィジョンは、それを具現する手段(すなわち音楽)とは別の(すなわち詩的な)ものだという点にある。

美学者にとって、これはまずグロテスクに聞こえる。アリストテレスから今日に至るまでのすべての美学が、このような要求をかかげて登場する芸術には最初から――それも当然のことであるが――あらゆる生存の可能性を剝奪することであろう。にもかかわらずヴァーグナーが彼の作品において自己の意志を貫いたとき、それはさまざまな事柄に関係しているが、ここではその詳細にふれることはできない。ヴァーグナー問題については改めて書くつもりである。(7) それは現代の最も深刻で、本来的な問題を認識するための鍵を提供することであろう。ここでの私たちの関心は、問題の音楽的な側面、つまり絶対音楽にとっての結果だけに向けられる。

ヴァーグナーの作品を考察して、まず注目されるのは、すべての音楽的な結合、ソナタや歌曲などのすべての古い意味での形式が、そのあらゆる帰結とともに欠如していることである。純粋に音楽作品として考察してみて、どのヴァーグナーの曲も一つの混沌であり、始めも、終わりも、中心もなく、ただ小さな、それ自体でまとまった、並存するさまざまな細部から成り立っている。形式＝要素が存在する場合も――初期の作品や『パルジファル』において、『マイスタージンガー』の場合はその擬古的な傾向のために――、それらは一貫して自己の内から展開されたものではなく、気ままに断片的に扱われるか、グロテスクな仕方で積み重ねられている。にもかかわらずヴァーグナーのオペラの音楽的な全効果は混沌ではなく、むしろ徹底的に精密で、明確である。

全体を全体として概観し、その働きを体験するために大幅に遡って考えてみるなら、私たちはおのずと音楽を、あるがままの姿で、すなわち詩的な全構想を生に喚起するための手段として把握するようになる。同時に、たとえばライトモティーフの技法のように最初は反芸術的な合理主義に発するものと思われていた多くの要素が、明白にされる。私たちは、ヴァーグナーにとっての問題が、それ自体で存在し、みずからに安らう音楽、つまり従来のオペラのように筋の効果的な各瞬間を完全に内に吸収し、それを新たに生産しながら再び明るみに出すような音楽を創造することではなく、むしろ彼は音楽をもってもっぱら文学の、血と生命による充溢を求めていたことを把握するようになる。逆説ではなく、この音楽を創り、構想したのは詩人であって、音楽家ではないと言うことができる。この詩人音楽家の形成作業は、事実また本来の音楽家のもとでは新しい音楽的形象、すなわち新しい形式の創作や体験ではなしに、むしろ新しい音楽的様式の創作や体験のうちに見られるものである。自己に固有な様式によって、どのヴァーグナーの作品も、きわめて精密に内部で規定され、他の作品と分け隔てられている。この様式は作品全体を貫いて最小の部分にまで明確に作用しているので、たとえば『トリスタン』と『マイスタージンガー』のように（両者は相前後して作曲されたものであるが）二つの互いにきわめて接近する作品の場合でも、一つの小節を一方から他方に置きかえるなら、それは即座に脱落してしまう。ヴィジョン全体は、それがその都度の音楽様式のうちに初めて生命と表現を獲得するものであるとはいえ、トリスタンの死への憧れや、マイスタージンガーたちの明るい古代的な快活さのように、まず詩的に体験され、観取されている。このことを言葉で表現するのは（いわゆる「総合芸術作品《ゲザムトクンストヴェルク》」に関する一切の事柄とおなじく）容易であるが、その正しい理解は困難である。ここに見られるのは、人類史のどこにも第二の例がない、二つの芸術の間の結婚である。ちなみに、それは芸術家ヴァーグナーの個人的な問題でもあるが、ここでの私たちの関心は、本来の音楽にとっての結果だけに向けられる。もちろん、その結果は途方もなく大きく、ここにまた、すでに上で示唆した、あのヴァーグナーの買った、そして今なお買っている無数の誤解の源も存在しているのだ。こうした誤解が絶対音楽家の側から出ているのなら、取り払われねばならない。それはまさに本当の誤解であり、またヴァーグナーをこの意味で拒否している人たちが、必ずしも最悪の音楽家であるわけではない。このような人々は今日もはや少数であり、むしろ、はるかに大きな、はるかに憂うべき誤解が、現在ヴァーグナーに寄せられている称讃と私淑のあり方に見出される。

それというのも、音楽家がヴァーグナーの音楽を真の音楽家たちの、それ自体に根ざす音楽とひとしいもの、つまり一口で言って音楽だと見なしはじめたので、彼の感覚のうちに真の革命が生起せざるをえなかったからである。以前は拒否していたものを、いまや彼は特典として、それのみか自己の獲得した新しい自由として感じはじめる。これまで非常に重く音楽にのしかかっていた一切の束縛からの解放、以前は途方もない要求をもって音楽家に迫った和声的・主題的な一貫性の義務や、厳格な、有機的に自己自体から生長した、いわゆる「形式」の義務からの解放として感じはじめるのである。

たしかに、このようにしてヴァーグナー以後も、多くの新しい素材単位が開発された。緩和された、軽快な構成のさまざまな可能性が発見された。不意打ちめいたものや各種のいわゆる「大胆さ」において、最近の数年は、これまでのすべての音楽の発展に見られるよりも豊富である。しかし、それらはごく部分的に、真に永続的で創造的であることが立証されたにすぎない。

その際、本質点な事柄は、音楽そのものの意味が変じたことである。有機的に生長した、音楽的な「全体」が必要であるという感情が破壊されてしまった。そしてここに初めて、音楽をことごとく現代的な進歩に引き渡すという最近の発展への道が開かれたのである。

＊

ここで、その重要性がしだいに認められてきている現代的な演奏《ムジツィーレン》の創造的な面について、さらに二言、三言だけ述べておきたい。なぜなら私たちに役立ちうるであろう唯一のもの、すなわち偉大な傑作の生き生きとした効果（こうした傑作こそ、たとえそのごく一部分だけが現代の産物であるにせよ、私たちの音楽活動全体についての、唯一の弁明をなしているが）、そのほとんどが、粗悪な演奏によって無用化されているからである。その際、いわゆる世間の態度はきわめて不可解である。些細なことでも技術面での欠陥とあればすべてを容赦なく批判するが、この上なく卓越した作品が引き裂かれ、ゆがめられ、不埒きわまる冷淡さによって死ぬほどの責め苦を受けていても、それを平然と傍観している。

仔細に観察すれば明らかにこの事態も、随所に見られるようにここでも役割を果たしている個人的な虚栄、空言、無能などの根拠は別として、時代の一般的な芸術状況に深く根ざしている。なぜなら表現者としても私たちは創作者としての場合と変わらず、創造するのと同じ仕方で再創造し、私たち自身の作品に現われるのと同じ傾向、潮流、危険性が、他者の作品に対する見方にも現われるからである。偉大で完全なものの根元的な表現と経過を音楽的に真に感じとる能力の欠如が、その生きて働く模範を私たちが最も必要とするような作品において、最も顕著に認められる。これらの作品が表現者のもとに最も多くのものを必要とするから、その演奏が最も粗悪なものとなるのである。

これはいたるところに見られるが、人々が今日いわゆる「古典派の」巨匠たち（バッハなど、とりわけベートーヴェン）に接する仕方において最も明瞭である。一般に演奏には二通りの方法があり、その一つは、作品の「歴史的な《ヒストーリッシュ》」把握である。その場合、演奏者はみずからに、この巨匠たちは私たち現在に生きる人間とはもはや直接なんの関係もない、それ自体でまとまり、完結した一つの時代に属していると言って聞かせる。これが事実そうであり、巨匠たちがすでに私たちとはまったく無縁であるということを、この種の演奏に従う人は、もはやだれひとりとして疑うことをしない。彼らは作品に、あの熟練した優雅さをもってのぞむ。この優雅さは、すでにヴァーグナーが異議を唱えたところであるが、今日ひとつのルネサンスを迎えているように見える。彼らは「無趣味な」介入を差しひかえ、現代人の要求をかかげて表現と生気づけに迫るようなことはしない。こうして一切の「表現」を徹底的に追放することにも成功する。

さもなければ人々は自己の「個性」の主張につとめ、今様の人間として作品を今様の作品にすることを試みる。ここには、個々の要素に可能なかぎり多くの表現を盛りこもうとする現代芸術家に特有な志向を通して、各種のエスプレッシーヴォーによってさらに極端なものに高められて、いかに私たち現代人がこのような課題に対処しえない存在であるかが示される。二つの場合とも、根拠となるものは同じである。それは、表現の真の核心となるものを偉大な作品のもとに認識する能力の欠如である。その表現とは、とどのつまり、このような作品を生きた有機体として感知し、体験することである。

これを通して、いかに新しい大きな意義が「全体」のみならず、――それとの関連において――それぞれの「細部」にも付与されることか。この問題についての立ち入った論述は、おそらく労に値するものとなろう。ここでは、この問題が以上の考察と深い関係を有していることもあり、この点を簡潔に指摘するだけにとどめたい。

（一九一五年）

（1）〔原注〕たとえば羊の啼き声、入浴中の子供の泣き声などの擬似的な音楽表現は、和声的な効果にはよらず、絶対的な音高によって、これに二、三の楽器の音の混和や音色を加えることによって得られる。

（2）〔原注〕和声的関係を現実の事象に似せるという上述の特殊なケースは別としてである。本来ここに内在しているのは、連関なしに絶対的な瞬間にだけ向けられた効果であって、それゆえ形成する力ではない。

（3）四分音（Viertelton）とはオクターヴを二十四に分け、半音程の二分の一の音程を用いる音体系で、十九世紀末よりさまざまな試みがなされてきた。

（4）〔原注〕私たちの言う「形式」が作品自体の内部ではなく外部に存在していた初期の教会音楽は、おそらくまたギリシアの教会音楽も、これとは事態をいささか異にする。この教会音楽はただシンボルとして、それが具現ではなく反映するだけの宗教的な、もしくはそれに類する内容に関してのみ存在した。

（5）「身に迫る危険」を意味する。ダモクレス（Damocles）は古代シラクサ王ディオニシオスの廷臣。彼が王の幸福をあまりにもほめそやしすぎたので、王は彼を宴会に招いて王座にすわらせ、その頭上に一本の馬の毛で剣を吊って、王の幸福とは常に危険にさらされたものであることを諭《さと》したといわれる。

（6）〔原注〕たしかに、この誤謬は必要であったのかもしれない。それはある程度まで創造性をも示したが、誤謬であることに変わりない。今日、まさに未来の音楽家たちの名において、このことを指摘しておく時期であるように思われる。

（7）一九四一年に『ヴァーグナー問題――ニーチェ風の随想』と題する論文をまとめている。『音と言葉』所収。

指揮の諸問題

統一的な感受性の欠如から生じる最悪の結果は、およそ演奏における即興的《イムプロヴィザトーリッシュ》な要素が抑圧され、制限されることである。個々の音楽家の統一を求めての自発的な協力が少なくなるにつれて、指揮者の意図する速度法的《アゴーギッシュ》・力動的なニュアンスなどはまったく失われてしまうか、さもなければいわゆる純粋に力学的な方法、すなわち幾度にもわたる試演、はてしない訓練などによってこれを獲得するという必要性が増してくる。しかし最も重要で音楽の醍醐味ともいうべきもの、すなわちテンポや音色の、あの目立たぬ可変性《ヴァリアビリテート》は、機械的な方法や試演などによっては決して達成されえない。指揮者は最終的に、このような意味で自己の目的を強調すべきか、あるいは全面的に放棄すべきかという二者択一を往々にして迫られる。自然な感情による音の配分を無視してただ拍子《タクト》どおりに指揮するか、あるいは「習得した」意図的なニュアンスを強調するかのいずれかになるが、これはまた今日の現状にきわめて即応した事態であると言える。

はてしなく試演を繰り返すという仕方は、ある点では独自の優れた面を持つものとされるが、それは必然的に指揮者の感受性、ならびに技術の質を低下せしめる。それは、オーケストラの心的感受性がこのような場合に文字どおり平凡で手仕事的な演奏に慣れっこになってしまうのと同様である。やはり「技術的」なものと見なされるある種の素質、たとえば読譜のすぐれた素質ですらも、練習不足によって多少とも損なわれる。およそ身に付けうる最大の技術的な正確さや統制力をもってしてもインスピレーションの欠如を補うことはできず、それは演奏全体にとってきわめて不幸な結果をもたらすことがある。過度の技術的統制、すなわち一様にほどこされた各部分の技術的な仕上げが――各部分それ自体は、つねに全体から構想する作曲家によって意図されたものとはおよそ異なった様相を呈しているから――個々の部分と全体との精神的な結合をさまたげる。個々の部分が全体より捉えられ、解釈されるという自然的・創造的な過程が逆転される。即興性はその本質、いなその概念すらをも喪失する。この即興性とは、いわばたんなる偶有性、すなわち人間にたまたま具わったり具わらなかったりする属性ではなく、およそすべての偉大な創造的かつ必然的な演奏の源泉をなすものなのである。

芸術における技術的なものの意義、それは以前の、非合理性に傾いていた時代には過小評価されがちであったが、今日ではむしろ過大評価されている。そうだとすれば、技術的なものの諸条件に対する認識も、さらにいちだんと要請されざるをえないであろう。指揮者に関するかぎり、それは当てはまらない。なるほど最近この分野においても、ヴァイオリン奏者やピアニストに見られたとおなじく、ある種の指揮の形式、いかに指揮を取るべきかという型にはまった概念が――いずれにせよ音楽にとっては好ましくないことであるが――作り出されてきた。しかしながら、まさにトスカニーニやブルーノ・ヴァルターなどのような真の指揮者が、この型にほとんど準じていないということは注目に値する。事実、これらの指揮者はいかなるオーケストラにも自己自身の音をすぐさま刻印することができる。これに対して、規則にかなった指揮者のもとでは、すべてのオーケストラが同じ音を発するだけなのである。

まだそれほど年月を経ていない指揮の技術は、それ自体の安定性をいまだ欠くために、理論的にある程度まで把握されるという段階に達していない。従来これについて書かれたものは、解釈の問題にふれたもの（ヴァーグナー、ヴァインガルトナー）を除いては、きわめて幼稚である。さて、言うまでもなく解釈の問題は、指揮者の問題から切り離せるものではない。そこで私たちは、最近における指揮もしくは再現的音楽の発展の全過程をつまびらかにするため、やや以前の状況にまでさかのぼって考察する必要がある。西洋音楽が芸術として確立して以来、とりわけ十七世紀における音楽の信仰からの解放以来、各時代はその時代が生み落とした創造的《プロドゥクティーフ》天才によって形成され、形象化され、導かれてきた。過去の時代においてこのことは、創造的《プロドゥクティーフ》なものと再創造的《レ・プロドゥクティーフ》なものとがほとんど不可分の関係にあったという事実によって語られている。バッハとヘンデルはオルガン奏者として有名であったし、ベートーヴェンにあってはそれのみかメンデルスゾーンやリストにおいてすら、自由な幻想《ファンタジー》が本質的な表現手段の一つであった。創造的な天才は、自覚のあるなしにかかわらず、時代の再現芸術の様式を作り出した。ヘンデルのオラトリオ、ハイドンの弦楽四重奏曲、モーツァルトのオペラ、ベートーヴェンの交響曲——その一つ一つが完結した世界を意味し、またこのそれぞれを通して一世代もしくは数世代の感情生活や音楽活動が営まれ、そこに形象があたえられたのである。ショパンのピアノ曲、ブラームスの室内楽、ヴェルディの歌曲、ヴァーグナーの、さらに時代が下ってはシュトラウスの管弦楽、二、三の例をあげたにすぎないが、これらの作曲家たちはその時代の様式を確立した。そしてあまたの再現音楽家たち、つまりピアニスト、器楽奏者、歌手、指揮者などは作曲家のあとにつき、彼らの意図が実現するように助力し、彼らの指導を仰ぐこと以外には、なんらの仕事もなかったのである。

自己自身の表現に到達しようとする現今の創作のさまざまな試みがいかに高く評価されようとも、またそこに見られる、以前の時代に比すればときには忘恩的とすら言える課題がいかに必然的なものであろうとも、これらの試みがもはや自己の音楽の様式によって現代の様式そのものを支配し、構成していないことは否定しがたい事実である。世間の良心を通してのあらゆる促進をもってしても、大衆の関心の根本的な欠如を埋めることはできない。かぎりない偉容を誇る過去の時代が、いまなお衰えぬ力を保持しているのだ。「歴史的な」様式の成立は、展望や視野の大きさと拡張を示すものだと言えるとともに、有機的・創造的なものの限界を語るものだとも言いうる。ところで結果といえば、多くの再現音楽家はもはや以前のように創造音楽家によって導かれ、方向づけられてはいない。しかもこのことは、まさに再現音楽家の課題が過去のより大きな意義のために困難なものとなった時点において生じているのである。人々がそれゆえ再現音楽家、とりわけ指揮者に今日いっそう高い価値を認めつつあることは、これによっても充分に説明される。彼の肩には、かつて見られない責任の重さがかかっている。なぜなら、もはや偉大な創造者が時代様式を作るのではない。むしろ指揮者が個々の作品の様式を自己のうちより、つまりこれらのさまざまな作品の内部より取り出さねばならないからである。彼は時代によって担われるのではなく、時代を、その大部分、ともに担わねばならない。これによって、数えきれない新しい問題が次々と生じてくる。この状況から、まず指揮者がいかに重要であるか、ついで指揮者が今日いかに欠乏しているかということが充分すぎるほど明らかになる。まさに、この二つの事柄は必然的に関わり合っているのである。これに伴う副次的な現象、たとえば過度の虚栄心、山師的な行為で効果をあげようとする無数の狂気じみた試みなども、おなじくここから解明される。

アメリカ的な様式に見られるオーケストラ崇拝、総じて素材的な面における楽器崇拝は、現在の技術的な思考方式に即応している。「楽器」がもはや音楽のために存在しなくなれば、ただちに音楽が楽器のために存在するようになる。「ハンマーになるか、鉄敷《かなしき》になるか」の言葉が、ここにもまた当てはまる。それによってすべての関係が逆になる。そしていまや、アメリカから私たちに「模範的」なものとして呈示される、あの技術的に「無味乾燥な」演奏の理想が姿を見せるようになる。それはオーケストラ演奏においては均整のとれた、洗練された音色美を通して顕示され、この音色美は決して一定の限度を越えることなく、楽器それ自体の音色美という一種の客観的な理想を追うのである。ところで作曲家の意図は、このように「美しく」響くということにあるのだろうか。むしろ、このようなオーケストラや指揮者によって、ベートーヴェンの律動的・運動的な力ならびに音の端正さがまったく損なわれてしまうことは明らかである。

（一九二九年）

芸術におけるドイツ的なものへの問い

不思議なことにドイツ人は、自分たちの芸術表現における「ドイツ的特性」とはそもそも何であるかを、いまだかつて正確に把握したことがなかった。なるほど若干の人々は――レッシングを待つまでもなく――しばしばこの問いを提起した。しかしながら、かなり広汎な大衆がドイツにおいてこの問題に関心をいだきはじめたのは、ようやく世界大戦の始まる頃のことである。当時私たちが――あたかも夢から覚めたときのように――悪意、誤解、憎悪などによってまわりを取り囲まれていることに気づいたとき、外的ならびに内的な危機は私たちに自己覚醒を余儀なくせしめた。私たちは、自分がいったいどのような状況に置かれているのかを明らかにしようと試みた。自己保存への衝動が、私たちに自覚というものを強いたのである。

さて私は、当時の驚きをまだありありと記憶している。ドイツの新聞紙上でこのテーマを取り扱ったあまたの論説において、ドイツ人が周知のように大きな業績を残したひとつの分野、すなわち音楽の分野についてはごく稀にしか語られず、しかも通り一辺なものであることを発見したときの驚きを。ことドイツ音楽に関しては、外国では事実上ほとんど評価が定まっていただけに、それはなおさらのこと奇異に感じられた。イギリスとアメリカは、ヴェルディやプッチーニの国イタリアを知っていたのと同様に、バッハとベートーヴェンが何者であるかを熟知していた。フランスの印象派芸術家たちは古典派ドイツ音楽をギリシア彫刻に並べて、全ヨーロッパ芸術活動の最も美わしい、明るく光輝にみちた二つの出来事であると公言していた。ただその発祥地たるドイツにおいてのみ、人々はとりたててこの音楽に注目しようとしなかった。例の有名なドイツ的「客観精神」を持ち出してそれに臨むのでなければ、いわば一種のはにかみをもってその末端に触れるだけであった。しかもこれは、他の領域では自分の財産をことごとく書き出すためにいかなる労をも厭わなかった時代のことなのである。

さて、以下のことはもちろん率直に認めねばならない。すなわち、一般的に見てドイツ人ほど自国の偉大な人々に対して適切な評価を下しえない国民はどこにもなく、またこれまでドイツ人ほど不当な場所での自己批判、場違いな劣等感情に悩まされた国民は他に存在しないということである。この逆の場合がなかったわけではないが、それもおなじく場違いなことが多かった。このことはドイツの運命、すなわちそれによってもたらされた、二つに分裂したドイツ的本性に関係するものである。しかし音楽には、それなりに特殊な事情がある。なるほどいかなる芸術といえどもドイツ人にとっては、彼らが実際に各自の才能に応じて心ゆくまで従事してきた音楽ほど、親しみぶかく必然的なものはなかった。それにもかかわらず、いな、それゆえにこそドイツ音楽は、バッハからベートーヴェンおよびシューベルトにいたるその最大で決定的な時期において、いわば大衆性を排除することによって成立したのである。これらの音楽家のほとんどすべてが「働きかけ」ということをまったく顧慮せずに、ただ自分をとりまく最も身近な人々、理解に富む小さな社会のためにのみ生活し、作曲していた。そして彼らの作品が――ハイドンやベートーヴェンの生涯の最晩年において――有名になりはじめた頃ですら、たとえばゲーテやシラーの同時代の作品のように、国民の意識のうちまで浸透するというにはおよそほど遠かった。これに大きな影響をあたえているのは、ドイツの精神的財産の大いなる擁護者かつ管理者であり、またこの偉大な音楽家たちの最も高名な同時代人であったゲーテが、芸術としての音楽に縁遠かったということである。たしかにバッハ、モーツァルト、ベートーヴェンなどについてのゲーテの折にふれての発言は、同時代の人々の口を通して私たちが耳にする大半のものより啓発的である。だが彼の音楽一般に関する知識はあまりにも乏しかったため、豊かさと真実さという点ではドイツ人にとって古今未曾有の芸術が自分のすぐ近くにおいて生起したなどとは予想することすらできなかった。しかしゲーテは彼の世紀に、また自覚しつつあるドイツの文化全体に、方向と表現とをあたえた。事情に通じ、この文化に働きかけることもできたであろう、後世における唯一の存在リヒャルト・ヴァーグナーは、あまりにも自己自身のことにのみ没頭しすぎていた。ニーチェは極度に「ヴァーグナー主義者」であり、そのために絶対音楽、とりわけ古典的なドイツ音楽に生き生きとした内面的関係を持つことができなかった。個別的なことには正しい洞察を下していたにもかかわらず、彼がドイツ音楽を語るとき、全般的には文学者の不遜とディレッタントの無知とがつねにうかがわれた。さらに悪いことは、彼が流派を作ったことである。最近にいたるまで、音楽は影響力のある二、三のドイツ人たちの側からの（シュテファン・ゲオルゲその他）無理解な、それどころか憎悪にみちた曲解にさらされていたのである。

それゆえこの偉大な音楽を名づけて、無知の瓦礫とドイツ一般教養の無関心さのもとに深くうずもれた一種のポンペイであるとしたところで、あながち間違ってはいない。音楽とは学術的な自覚をともなう認識ではなく、まずなによりも強力な庇護にもとづく事柄であるなどと言わないでほしい。たしかにそのような実情は存在するし、またこの庇護が今日の社会のきわめて欺瞞にみちた諸傾向のために好ましくない外観を呈していることも事実である。だがドイツの意識全体において音楽が占めるわずかな比重を解明するには、これだけでは充分でない。

さて音楽それ自体の立場からすれば、事態は言うまでもなく他の一面を有していた。音楽においては、近代という場で、ギリシア彫刻の運命に似たものが繰り返された。たとえばギリシア悲劇は、その短期間の発展途上において、全ギリシアの公共的関心と自覚的な生の焦点に立ちながらも、わずか三世代を経る間に枯渇し、世界観の変遷には抗しえず、衒学者やソフィストたちの冗舌によってぶち壊されてしまった。一方、ギリシアの全生命と歩みを共にし、しかもギリシアの（とりわけ全盛期における）世間的評価によればありきたりのものだとされ、軽視はされずとも取りたてて注目されることのなかった造形芸術、とりわけ彫刻が、数世紀にわたって無力化することも不純化することもなしに、静かな落ち着いた有機的成長を保持した。そして、他のあらゆるギリシア的な存在や本性にまさって後世に伝えられるところが多かったのである。それは、いわば意識下的なもの、無意識的なものの領域にとどまり、ソフィストたちが意識的な思考の内部において――もちろん彼らに言わせれば彼ら自身もまた「現象」であるにすぎないが――とっくに神々を破壊してしまった時代に、なおも神々を創造し、形成することができたのである。

同じようなことがドイツ音楽にも生起した。ドイツ音楽もまた自分の生育した静かな庇護された世界より生命力を汲みとった。自分の生まれ故郷である、愛情にみち、俗世から遠ざかった平和と落ち着きの雰囲気は、自己を弁解し、あくせくと働き、成功を収めねばならぬというような一切の義務感からの解放をもたらし、たえず素朴、単純、誠実に生きて自己を明白に、飾り立てることなく表明するという可能性をあたえてくれた。内面的な自由、言い換えれば、いまだかつて外部からの衒学的・非生産的な批評に屈したことがないという事実だけが、自己の内部に耳を傾け、いますでに自分がそれであるもの、つまりドイツ的本質の純粋な鏡になるということを可能にしたのである。やがて十九世紀を迎えてから、とりわけベルリオーズやリスト、そして一面的な誤った理解を受けたヴァーグナーなどのいわゆる「未来音楽」の台頭とともに、事態は急速に変じた。にもかかわらず伝統はそこにおいてもなお強大であったので、シューマンやブラームスのような人が出現しえたのである。

私たちは、芸術における「ドイツ的なもの」への問いという本論の出発点に立ち帰りたい。これはなんという奇妙な問いであろう。かつて他のいかなる国民が、こうした問いを自分に向けようなどと思ったことであろうか。その底にあるもの、換言すれば、そもそもこの問いを呼び起こし、しかもそれに対する答えをいつも困難にしているものは、強いて言うならばドイツ的本性の二面性である。再三再四われわれは、ドイツ人がおよそ統一困難と思われる事柄を統一しようと試みているのを見る。ドイツ人の北方的な起源は否定しがたい。しかも私たちは、彼がいくたびとなく宿命的な情熱を燃やして南方に向かうのを見る。この南方への衝動は——ここでは慎重を期してごく大づかみに話しているのだが——民族大移動の大昔より絶えず繰り返して頭をもたげ、あの全中世期にわたる地中海沿岸でのおびただしいゲルマン族の国家設立——その最も象徴的かつ顕著な現われが「ドイツ民族の神聖ローマ帝国」にほかならない——に象徴化されたものであるが、それは、ドイツ人における永遠に解明し尽くせない特性であった。しかも、これはただ政治的なもの、形而下的・物質的なものに現われただけではない。精神の分野においても、統一的な精神活動が可能となるやいなや、この注目すべき極性《ポラリテート》がその力を発揮しはじめた。ほとんどの場合は見えないところに潜伏していたが、ルネサンスの人文主義に見られるような特殊な時期にあっては、いくたびとなく繰り返された大芸術家のイタリア旅行において、なかんずく——しかも私たちにとって今日最も明瞭な形で——ヴィンケルマン、ゲーテ、シラーなどの古典主義においてはっきりと表面に現われた。

歴史的な見地に立つ観察者は、これが私たちドイツ人にとっての幸福であるよりも、はるかに不幸であると解しがちである。彼は、それを政治的な意味での民族の保存という立場から考察するとき、異質的なものとの触れ合い、とりわけ誘惑的な南方との触れ合いのうちにドイツ人全体にとっての危険を看取し、彼によればおよそドイツ人を自己自身より引き離すところの一切を、堕落であり、頽廃《デカデンツ》であると見なすのである。彼の観察に従うなら、ゲーテとシラーの文学は、その誤った「古典的な」傾向がなければもっと別なもの、よりよいもの、ドイツにとってはるかに有益なものとなっていたことであろう。

他方これに対して、偉大な芸術家たちの証言がある。彼らはいくたびか「古典的」なもの——このしばしば乱用され、とりわけ現在かくも誤解されている表現をいましばらく借用するならば——との出会いに生涯の決定的な出来事を見出した。デューラーやゲーテにとっては、イタリアとの接触がこの出来事にほかならなかった。しかもなんと偉大な、模範的な形式をとっていることであろうか。

ドイツ的・北方的な芸術家にとって、南方の明るい、楽しくのびやかな芸術に立ち向かおうとする衝動は、ほとんどの場合まさに内面的な、やむにやまれぬ欲求であった。これについてはデューラーやゲーテにかぎらず、幾千にのぼる凡庸な人々が証言している。このように私たちにだけ具わっているこの風変わりな欲求そのものを認めようとせず、ドイツ的芸術意欲をただそれ自体から、またその純北方的な遺産だけから解明しようとすることは、したがって一面的であるのみか、虚構であり、非現実であり、非歴史的である。

さてこのようないきさつを踏まえて、ドイツ音楽は独自な意義を獲得している。なぜならドイツ音楽は、その本質とその成立に関するかぎり、他の諸芸術の歴史には絶えず認めうるこの傾向に支配されることなく、それら以上に、みずからの法則によって生成したからである。（歴史家がたとえばシュッツ、バッハ、ヘンデル、モーツァルトなどにイタリア音楽のあたえたあまたの覚醒や影響を認めたとしても、このことになんら変わりはない。）ドイツ音楽は、これまで、芸術における「ドイツ的」なものという問いの答えとして取りあげられたことはほとんどない。おそらく充分に注目されず、充分に認識されなかったからであろう。しかしながら、これはまたしても奇妙なことである。というのは、たとえドイツ音楽が上述のように文化的な意識からはかなり疎遠であったにしろ、直接的な働きかけが可能なかぎりドイツ人の心をはげしく魅了したからである。ただドイツ人だけではない。この古典音楽に見られるほど、純ドイツ的なものがすみやかに超民族的なものとなり、全ヨーロッパ的な意義を獲得した例はいまだかつてなかったと言える。いかに古典音楽が同時にその各部分にいたるまで独自の産物となっているかを、私たちは次の事実から読みとることができる。すなわち「フーガ」や「ソナタ」という形式すらも、およそ絶対音楽の主要な諸形式がいずれもドイツ人によって案出され——生きた形式が「案出」されうるかぎりにおいて——、発展と最高の開花にまでもたらされたのである。(これは、ある種のものの起源、たとえばフーガの起源がオランダにも存在したということと決して矛盾するものでない。)

芸術において何が「ドイツ的」であるかという問いに対し、音楽にまさる答えがあるだろうか。さてこの音楽は、私たちがその言葉を真に理解するならば、ドイツ的な存在および本質についていったい何を語ってくれるのか。まず第一に、これまで私たちが歴史家の方法と表現を借りて——それによって、本来われわれの考えるものにごく表面的な指示をあたえたにすぎないという意識をともないながら——北方と南方との対立と呼んできたあの対立が、実は歴史上の影響を通して、いわば外部からドイツ人に植えつけられたものではなくて、自己の内部から、自己の本性の最も奥深いところから出てきた対立であることを語ってくれる。ドイツ人とは、北方と南方とのあいだ、「古典的」な世界と「北方的」な世界とのあいだで投げたり投げ返されたりするだけで、決して自己自身に到達することのない存在ではなく、むしろこの二つの世界が——たとえそれがいまだかつて外部から彼にあたえられたことがないにせよ——彼のうちに内在するのである。この意味での分裂が彼の本性であり、統一不可能に見えるものを無理やりに統一しようと試みるとき、彼ははじめて完全に自己自身となるのである。

たしかに、ドイツ人は究極において北方的な起源を有している。そしてドイツ音楽の根本的性格、その暗い悲劇的な力、いとも明るく澄みきった形象にも宿る控え目な情愛と柔和さなどにしても、また北方的である。しかも、バッハの音楽ほど、古典芸術の真の標識ともいうべき有機的な発展と形成の法則を深く把握したものが、他のどこに見られるであろうか。必然性のための断念、形成のかぎりない透明さをともなった偉大な簡潔さと自制とが、ベートーヴェンにまさる形でどこに存在するだろうか。かくも正当な根拠に立って「古典的」と呼ばれるドイツ音楽をさしおき、何があのゲーテによって創意された宏大な意味で、より古典的であろうか。これらの純粋な音楽家たち、これらの厳格な、慎みぶかく、毅然たる形式の巨匠たちは、ドイツの歴史について何ひとつ知らず、デューラーやゲーテの意図についても、ヴィンケルマン、シラー、ヘルダーリンなどのドイツ古典《クラシッ》主義《イスムス》についてもまったく無知であった。この古典主義者たちの予感は、たとえ自分自身ではギリシア人についてだけ語っているつもりであったにせよ、深い意味では正しく、深い意味においてドイツ的であった。音楽家たちの作品は、これについての実に輝かしい弁明ではなかろうか。まさしく、ドイツ人ほど妥当する芸術的形姿を獲得するのに困難を覚えた人間はなく、一方またこの形姿へのあこがれをこれほど深く宿した者も、自己の本性のため、このあこがれにこれほども情熱的に身を焦《こ》がした者もいなかった。次のように記したのもドイツ人であった。

いかなる時もいかなる力も、
生生発展する刻印された形式を破壊しえない。[1]

ゲーテ

（一九三七年）

（1）　ゲーテの思想詩『原詞　オルフォイス風に』（一八一七年）第一節より。

指揮者の仕事道具

オーケストラ指揮の技法は、他の音楽部門にはほとんど見られないほどの、きわめて広汎な大衆を前にして披露される。その技法は決して秘伝ではなく、完全な習得のために長期にわたる準備、ときには全生涯すらも必要とするさまざまな単一楽器の技法とは性質を異にしている。一般聴衆は、指揮者とオーケストラの間に交流する伝達のあらゆる秘密を、その場にいて感じとることができる。指揮とは「伝達」の技法なのである。ここでは、比較的に単純な運動によって、全アンサンブルのリズム、音色、表現などが個々の細部にいたるまで決定される。どのように演奏されるかは、それに注意を払おうとするすべての人に、目に見えて明らかである。人々は、演奏者たちがいかに指揮者を注視し、またときには注視していないかのように演奏するかを眺め、一方では指揮者がいかに身体を動かすかを眺める。この運動はリズムの再現と不可分のものであるから、それに変化を加える余地はほとんどない。しかし、オーケストラにあたえる影響という点で、指揮者の違いに匹敵するほどの大きな違いが他に存在するであろうか。指揮者の個性によっておのずから異なってくるであろう解釈について、私は語っているのでない。解釈上の意図よりもはるか以前に、またしばしばはるかに決定的な要素として現われるオーケストラ指揮の「技術的」な質を語っているのだ。

まず第一に、音色そのものである。

なぜ同じオーケストラが、ある指揮者のもとでは充溢した、丸みのある、円満な音を出し、別の指揮者のもとでは鋭く、固い、角ばった音を出すのか。なぜある人のもとではレガートを奏するのに、他の人のもとでは奏しないのか。このことも、それが必要な場合にはひとつの決定的な質を意味している。同じオーケストラが異なる二人の指揮者を迎えた場合に生じる純音色的な面での相違が、二人の別なヴァイオリン奏者もしくは二人の歌手の間に生じる相違に比してほとんど変わるものでないことを、私たちはしばしば体験しているのではなかろうか。ごく小さな村の楽団にヴィーン・フィルハーモニーにも匹敵するような演奏をさせる指揮者がいるし、また他方、ヴィーン・フィルハーモニーから村の楽団のような音しか引き出せないような指揮者もいる。

人々はこのような場合に「暗示」とか「人格の力」とかいう言葉を口にするのが常であった。このような説明は、すべてばかげている。ごく些細な楽句でも、およそそれが耳に聞こえるほどのものであれば、ある指揮者のもとでは歌うように、丸みをおび、秩序づけられた音として表現されるのに――同一のテンポ、同一の解釈的意図を前提としての話であるが――、別な指揮者の手によればまるで堅苦しい、ごつごつした感じのものになる。この相違は、決して人格の力から出て来るものではない。

むしろ実際上の話としては、真の指揮者の技法にまさる秘術はどこにもない。このことをごく率直に語らねばならぬ。それは、多かれ少なかれ普遍的な印象というものを依りどころにする聴衆や批評家のみならず、いわゆる「専門家」としての指揮者自身についても言える事柄である。どうしてアルトゥル・ニキシュのありふれた拍子の取り方によって、どのオーケストラも普段と見違えるような音を発するようになるのか。なぜここでは、ただちに吹奏者がありきたりの誇張したスフォルツァンドを中止し、弦楽奏者は音色ゆたかなレガートを奏し、金管楽器は他の諸楽器との自然な和合のうちに演奏をはじめ、オーケストラの音色全体が、他の指揮者によってはあたえられなかった温かさを持つようになるのか。この真相を見きわめるまでには、他の青年指揮者たちと同じように出発した若い指揮者の私にとって、いかに長い年月が必要であったことだろう。ニキシュによるこの美しい調和音が決して偶然ではないことを私は把握することができた。より正確に言うなら、この現象は、ニキシュの「音」に自己を投入する仕方にもとづくものである。したがってそれは彼の「人格」とか「暗示」から出て来た結果ではなく——このようなものは冷静な職業音楽家には存在しない——、まさに彼の「テクニック」である。以上のことを私は会得したのである。

指揮者のテクニックといっても、それが人間の表現意欲から作り出されたものであるかぎり、もちろん人格と無関係ではない。たとえばストラヴィンスキーの脳裏に浮かぶオーケストラの音は、リヒャルト・シュトラウスの場合とは別のものである。おのずと、彼の指揮のテクニックもこの音に順応するようになるであろう。ところで現在、書物を通して伝授され、いたるところで実践されている指揮者の技法、規格化されたオーケストラ音色を出すいわば標準テクニックなるものが見られる。それは慣れ《ルティーネ》のテクニックであり、その最終目標とは精密な演奏を実現することである。ここでは、あらゆるオーケストラ演奏の自明の前提であるべきものがいわば最終目的とされ、目的そのものにすりかえられている。この種のテクニックは決して音楽の要求を充分に満たしえない。概括的なもの、力学的なものが絶えずそれに付随するであろう。「器具《パラート》」と化した集団が精神のうえに重くのしかかり、それを窒息させる。周知のようにトルストイは、あらゆる芸術行為の九十五パーセントは慣れであり習得可能であるが、それが問題ではなく、もっぱら残りの五パーセントが問題なのであると語っている。

指揮における重要な事柄は、第一にリズムの伝達である。指揮者はなによりもまずテンポを指定する。合奏の精密さなど他の一切の要素はこれにもとづくものである。たとえば電信機が（モールス信号によって）抽象的に再現するように、このテンポはなんとしても抽象的な性質のものである。メルツェル式[1]メトロノームはテンポを抽象的な数によって表示する。しかし音楽において問題とされるのは決してこの抽象的テンポではなく、音を通して、絶えず変化する一定のメロディーを通して、いかにそれを実現するかである。この音楽それ自体が、つまりリズムを強調したある程度のスタッカートに見られるように、多分に抽象的な性質をともなって現われることもあろう。このような場合には、抽象的に明確な、リズムの中核を強調したタクトの表示が適切である。しかしまた、音楽が洋々たるメロディーとして流れることもある。指揮者のあたえる抽象的に精密な、リズムの力点に向けられたタクトの表示は、こうしたメロディーとでは顕著な矛盾をかもし出す。そもそも指揮者の合図は角点《エックプンクト》、すなわちリズムの切点しか指示できないものであるが、この場合には、メロディーがまとまりのある楽句、まさしく本来のメロディーとして演奏されねばならぬ。いまやこの一点に指揮技法の全問題が凝縮される。指揮棒を宙に泳がせる可能性しかあたえられていない指揮者の私が、いかにオーケストラを操り、旋律楽句《ゲザングフラーゼ》をその本質に即してまさに歌《ゲザング》として再現するように仕向けるべきか。言い換えれば、どのような方法によって——数個のリズミカルな力点に生き生きと盛り分けられた伝達素材を前にして——オーケストラを歌わせることができるのか。もちろん、ある程度までなら力学的な方法によっても可能である。なぜなら、歌といえども一定のリズムのうちに生起し、リズミカルな全過程に織り込まれているのだから。そのかぎりにおいて、歌はもっぱらリズムを強調する指揮者によっても自己の場をあてがわれるであろう。しかし、それにも限度がある。なぜなら、実のところ歌、すなわち旋律楽句とは、たんにリズムのうちに溶解されただけの音楽とは本質的に別なものであるから。旋律楽句とはたんなる点の結合ではなく、まとまりのある形態のもとに——リズムの面から見ても——全体のリズムから取り出され、再びそれに順応するひとつの全体である。歌すなわち旋律楽句はおよそリズムとは根本的に異なるものであるが、ヨーロッパで理解されている芸術としての音楽にとっては、リズムに劣らず根源的な意味を有している。このことをいまいちどここで確認しておく必要がある。

そもそも音楽の聴き方ならびに演奏の問題、ひいては指揮の問題はここで本格的にはじまる。私たちが最初にかかげた指揮者の「技法」という問いは、要するに、いかにすればオーケストラがリズムの上で適確に合奏するだけではなく同時に歌い、あらゆる生きた旋律楽句の再現に必要とされるあの自由さのもとに歌うようになるかという問いに帰一する。機械的にリズミカルな精密さと、歌の自由さ、この二つは見たところ統一しがたい矛盾であるが、いかにしてこれらを統一すべきなのか。逆に言えば、どんな風にして私は歌うオーケストラ、つまりあらゆる真の歌に具わるあの無数の、言葉につくしがたい、試演《プローベ》だけでは絶対に把握しがたいリズミカルな自由意志をもって歌うオーケストラをして、個々の細部にいたるまでリズミカルな精密さのもとに合奏させることができるのか。私が自分の耳でなお確かめることのできた、あのアルトゥル・ニキシュの指揮がもたらす効果の根拠となるものが、ここで明らかにされる。ニキシュの才能とは、まさにオーケストラを歌わせるところにあったのだ。この点は明確にしておきたいが、それはきわめて稀有の事柄なのである。なぜならここでの「歌」とは、現に音楽が容易に見わたせる幅のあるメロディーとして流れるような、比較的に平明な個所を意味するだけではなく、なかんずく古典的な文献によく現われるあのかぎりなく多彩な構成、すなわち歌う旋律、ヴァーグナーの名づけた「メロス」がつねに存在してはいるが、個々の拍節の一つ一つにおよぶまで、絶えず場所、位置、声部を変えるような構成部分をも意味しているからである。それゆえ作品の理解にとって「メロス」は他の要素に劣らず重要であるが、無限の変装のうちにそれを識別することは他の場所よりも困難である。

リズムに呼応し、力点に呼応する運動は、当然のことながらそれ自体がリズミカルであり、いわば最高の精密さをもって表示された一つの力点である。ところで――まさにあらゆる指揮にまつわる実際的な問題であるが――この力点、この精密さは、それと同質の力点を宙に刻みつけているかぎり、オーケストラのうちには実現できない。集合体、つまり多数の人間をして同時に歌わせるようにするには、視覚的に、ある種の準備が必要である。オーケストラに求められる精密さが得られるかどうかを決定するものは、強拍の瞬間それ自体ではなく、またこの強拍があたえられる際の正確さや鋭さでもない。決定的なものは、指揮者がこの強拍にそなえる心がまえである。強拍そのものが短くて正確であっても、それは震動するリズム全体を目立たせることによって、せいぜい後に続くいくつかの強拍に作用をおよぼすだけであり、最初の音、つまり本来この強拍が向けられた音にとっては無意味である。力点において、つまり鋭い強拍によってのみ指揮する人たちは――全指揮者のうち九十パーセントがそうであるが――、だれひとりとしてこのことを知らない。鋭い強拍には明らかに短所が具わっている。それは運動を一点に固定することであり、この固定は音楽の生き生きとした流れに表現の可能性の低下をもたらす。点はどこまでも点にとどまる。力点において指揮されるオーケストラが力点を演奏するようになるのは自明の理である。換言すれば、すべての純リズム的なものは正確さを要求することによって達成されるが、すべてのメロディー的なもの、個々の拍子の間に横たわるすべての要素は（しかもこれは場合によってはきわめて多い。たとえば少なからぬ作曲家の音楽において重要な役割を果たしているクレッシェンド、デクレッシェンドなどの多数の表現記号を取り上げてみるだけでもよい）これによってはいささかも影響されない。このような解釈から生まれる特有の現象として——現今きわめて多く見られる傾向であるが——リズムやタクトは正当な権利を得るが、音楽はそれにあずからない。

いかに強調しても強調しすぎることのない事実であるが、およそ音に働きかける可能性は拍子それ自体のうちにではなく、もっぱら拍子の準備のうちに宿されている。この強拍、この準備のあり方に応じて、音が生じるであろう。しかも純粋に合法則的な精密さをともなってである。指揮者のあらゆる身振り、ごく小さい身振りですらも、充分に訓練されたオーケストラにあっては、なんという信じがたいほどの精確さをもってその演奏に反映することであろうか。それは熟練をきわめた指揮者にとっても、絶えず新たに驚嘆のまとであった。真にその名に値するような指揮者が、なぜ音楽会において「聴衆のための」動作をする余裕をぜんぜん持たないのかという理由は、まさしくここにある。以前はつねに、アルトゥル・ニキシュのような指揮者こそポーズの模範とされるべきだと言われていた。さて、もし私がこの指揮者に関して個人的に知るところを語るならば、私のこの知識はきわめて正確なものであるが、ニキシュはいかなる種類のポーズにも無縁であったと証言することができる。他方、ニキシュとは対照的に規則通りの指揮をした他の指揮者たちは、どうしてもポーズなしにはすませられなかった。それというのも、彼らは比較的単純な技巧上の見解を有していたから、演奏のかたわら聴衆のことも考える時間の余裕があったからである。これは、ニキシュのような指揮者にとっては、思いつきもしなかったことである。彼はどこまでも音そのもの、すなわち音の形成と形象化とに没頭していた。

要するに指揮者が解釈の性質、オーケストラの演奏方法などに働きかける可能性は、それが試演においてではなく瞬間を通して発現するものであるかぎり、すべて拍子の準備状態のうちに宿されている。ここでひとこと付言するならば、あらゆる機械的なものが過大評価されている現代では、一般に試演作業というものが重視されすぎている。拍子の種類、それに結びつく本能的すなわち無意識的な伝達方法などを通して、指揮者が最初からわずかな時間のうちにオーケストラに伝えうるものがある。これに比較するならば、たとえきわめて長時間にわたる集中度と精密度の高い試演であろうとも、およそ試演を通してオーケストラにあたえうるものなどは取るに足りない。だからこそまた、さまざまな指揮者が——少なくともただのタクト振りではなく、指揮者の名に値するような人々なら——同一のオーケストラからでも自分の個性と解釈に応じてさまざまな音色を取り出すことができる。指揮者が享受するあの聴衆の直覚的な評価というものは、まさにこれにもとづくものなのである。

さてすでに述べたように、準備の過程、すなわち拍子の終点ではなくて拍子そのものが楽器の音色に最も強く働きかけるものだと仮定すれば、その場合、各拍子の終点である節点《クノーテン》、いわば電信を思わせる点符号の頂点をできるだけ放棄し、ただ拍子そのもの、準備段階そのものだけを用いるという指揮が考えられないであろうか。これがたんなる理論につきるものではなく、私自身かなり前よりこのような実践を試みるように努力しているということを、あえて言っておきたい。音楽院で学び取られるありきたりの指揮技法に慣れてしまった多数の聴衆が、私の動作を理解しない原因はここにある。私の動作は彼らにとって不可解である。それのみか彼らは、私が「擬装《カムフラージュ》」しているとさえ口にする。つい最近、ある批評家がヴィーン・フィルハーモニーを指揮した私の演奏会について、「指揮者の不明確な身ぶりから判断すれば、いかにしてオーケストラからかくも完璧なアンサンブルが現われるのかが理解できない。この謎を解く唯一のものは、数えきれない試演である」と書いた。そうではない、それでは謎の解答とはならない。私が行なう試演はありきたりのものを超えることはなく、テクニックの問題、すなわち精密さの問題に関わり合うことはほとんど皆無であると言える。むしろ精密さとは私の「不明確な」指揮から生まれた自然の結果なのである。この不明確な指揮が実際には不明確なものでないことは、結局のところ、楽器が完全な精密さをもって働いていることによって証明されるのではなかろうか。しかしこれは、いわば自説の正しさを試みによって証明するようなものである。私がただ繰り返し主張できるのは、指揮の動作などはそれ自体どこにも存在しない、ただ実際上の目標、つまりオーケストラのためにのみ存在するということである。この観点から、すなわち音楽そのものから、指揮の動作は評価されねばならない。私自身の動作も、おなじく音楽の立場から理解されるであろう。詮ずるところ、私がいたるところで指揮したオーケストラの反応ぶりが、このことをはっきり裏づけてくれるのである。

偉大な作曲家がつねに指揮者であるとはかぎらない。しかし彼らはつねに偉大な音楽家であり、それゆえに指揮者にとっても大きな意味を有している。作曲家であり、しかも作曲家としてはほとんど他のだれよりも卓越した指揮者であったリヒャルト・シュトラウスが、かつてニキシュの演奏を聴いたとき、私に次のように語った。「ニキシュには、われわれ他の者が持っていない音をオーケストラから引き出す能力がある。」この能力が何にもとづくものであるかを私は知らないが、それはとにかく疑う余地なき事実である。シュトラウスはここで、まさに私が本論において解明しようとした問題に触れている。この問題がかくも困難に見えるのは、いとも広汎な大衆を相手にして演じられる指揮というものが、おそらくその技術面でも、この大衆の理解と評価の前に、きわめて多数の人間の前に公表されねばならぬからであろう。しかし私の経験によれば、世なれた専門家、すなわち長年にわたり指揮およびそれに関係する問題に精力的に取り組んできた人々ですらも、真の指揮者の演奏を前にすれば途方にくれてしまうものである。もしそうでなければ、さらに多くの指揮者たちが各種の指揮法を――その筆頭に私は前世代のニキシュをあげたのであるが――つとめて模倣するようになるであろう。

（一九三七年）

（1） Johann Nepomuk Mälzer（1772–1838）今日ひろく用いられているメトロノームの製作者。

精神の死

最近死んだ詩人のパウル・エルンスト(1)は、彼の一論文において、中世カソリック的なスコラ哲学が「精神の死」と名づけたもの、つまり完全に健康で生活力の具わった身体において精神が死んでしまうという、あの不思議な現象について語っている。歴史上の全民族の運命、かぎりある生をあたえられた個人の運命においてもこれに類似した例が無数に見られるが、エルンストはこの現象をとりわけエジプト民族の運命について叙述している。周知のように、シュペングラー(2)に彼の有名な理論、すなわちかなり高度の文化を有する民族が太古の状態から文化的全盛期を経てついには無内容な文明に終わるという、成長と死滅の理論を喚起させた民族の一つがエジプト人であった。シュペングラーはこうした民族の末期状態を「衰微状態《フェラッヘントゥーム》」と呼んでいる。紀元前三世紀のエジプトの、ある有名な村長がナイル河泥土地帯で発掘されたとき、エジプト人たちは即座に「これは村長です」と答えた。つまりこの男の体つきはすでに五千年の昔において、今日なお見られるであろう体つきと寸分ちがわぬものであったのだ。現在でもエジプト農民の村長は、この男とそっくりの体つきをしている。だが、かつては規模の大きさと様式の崇高さにおいて古今未曾有の芸術を生み出し、すぐれた宗教と固有のきわめて創造的な文化を有したエジプト人であるが、その子孫たちは現在もはやごく容易な手仕事すらやりとげることができない。スエズ運河構築のとき、外国の労働者を雇い入れねばならなかった。エジプト人の知的能力が皆無にひとしかったからである。かといって、彼らは五千年前の先祖たちと同じように食べ、眠り、増殖し、健全な身体を有し、同じように老化していく。――ただ彼らは精神を喪失しただけなのである。

なぜエジプトの歴史からこの奇異な現象をとりわけ明瞭に読みとり、考察することができるのかというと、エジプト人がその歴史上の経過において他民族と稀に見るほど混交することの少ない民族であったからである。この民族にしてもまぬがれえなかった折にふれての外国勢力の侵入は、そのつどいつも時とともに解消された。それゆえエジプト民族に関しては、きわめて稀な例であるが、歴史的伝承を通して一貫した民族の運命を語ることができる。

さて、同じような運命が個人の場合にも見受けられる。私たちの周辺には、私たちと生活を共にしながらも、実際には精神の死んでしまった空《うつ》ろな眼で私たちを見つめ、しかも自分ではこのことを知らないという知人や友人がいる。それを知る、厳密に言えばそれに気づくことができるのは、もちろん精神を自己にそなえている人々だけであり、それも精神を保持している間のことだけである。なぜならその間においてだけ、精神の欠如が不自由なものに感じられるのであるから。また人生のさまざまな契機、歴史上の出来事、人間の公的ならびに私的な行為の出来事に際して、そこにどの程度まで精神が、すなわち最高の意味において完全な、ゆたかな、充足した人間が働いているかいないかを判別する感覚を絶えず持ちつづけたのも、このような人たちである。ところで人間の精神的な若さと力とを認知する能力をそなえ、そこに使命を感じていたという点で、芸術家はまったく特異な存在である。そもそも芸術とは、真の意味において精神的なものを糧《かて》とし、それを忠実に表現するものにほかならないからである。それゆえ私たちはこの芸術家において、およそ精神と肉体との関係が長い人生の途上でいかに変化するものであるかを、最も明確に観取することができる。二十歳までは精神を有するが、その後は八十歳にいたるまで精神なしの仕事を続け、自己の模倣に終始したような芸術家がいる。また最後の息をひきとる瞬間まで、絶えざる精神のよみがえりを見せた人々もいる。この関係はかならずしもすべての芸術家においてこれほど鮮明な形をとるわけではない。たとえば有名な話であるが、四十歳以後は作曲を放棄し、残りの三十年はひたすら料理することと菓子を食うことに専念したという、あのロッシーニの場合ほどは。このような人々には少なくともその実直さを認めざるをえない。私たちの時代に見られる大半の現象とはきわめて対照的である。

精神と身体の関係、より正しく言えば芸術家における年齢と精神的活力との問題は、いわゆる再現芸術家たち、つまりピアニストやヴァイオリニスト、とくに指揮者において非常にはっきりとしてくる。指揮者は彼の芸術の素材に対して間接的な関わり合いしか持たない。彼は、歌手のように身体の力から歌を取り出すのではない。だから指揮者にあっては、歌手の場合のように、声の背後にある魂がとっくに死んでいるのに美声がなおも人の心を魅了するというようなことはありえない。身体的・生理学的な健康と力が決して精神の健康と力に一致するものでないことは、エジプト人において観察したところである。楽器奏者の音色、たとえばヴァイオリン奏者のそれ、いな楽器のうちで最も粗い音を出すピアノの音色ですらも、身体の生理学的な健康状態によってなんらかの制約を受けている。このような音色は、身体運動から出た独立した成果として、そもそもこの成果をもたらしたもの、つまり精神がとっくに消失してしまったのちも、さらに存続することが可能である。しかし指揮者においては、精神の欠如がたちどころに表面に現われる。指揮とは精神的エネルギーが楽器に向けて流出することであり、この精神的エネルギーが結局のところ音の素材的な特性、すなわちリズムと和声と音色からなる生命をも形成するのである。

さて芸術家における精神力の枯渇や減退は、どのような点に認められるのであろう。若々しい精神の力は、ひとが大きな課題に取り組むときはじめて真に発現する。人間にさし向けられるこのような課題の種類は実にさまざまである。精神的なものの活動にとって、それがどのような課題において現われるかは決して無意味な事柄ではないにせよ、今その課題いかんについては触れないことにする。まずここで問題の解明に役立つものは、課題に向かうあり方なのである。いかに課題に立ち向かうかという態度、ひたむきに心底から没頭する姿勢が精神の若さというものの特色である。人間が精神的に老化し、その存在の核心をなす活力が消え失せるにつれて、身体の平俗なエゴイズムが強くなってくる。この意味での老化した民族にはもはや戦う意欲がないとシュペングラーは述べているが——彼はここでモンゴル民族によって皆殺しにされたバグダッドの回教徒の住民たちをあげている——、現代にもまたこのような例が見られる。民族はもはや戦うことを欲しない。なぜなら個々の人間が、ぜがひでも生存したいというあまりにも私的なエゴイズムを乗り越えるための捨身の力をもはやふるい起こさないからである。再現芸術家の場合、このエゴイズムは——この言葉をさらに借用するなら——いま取り組んでいる作品の精神的な根源にまで没入しようとする気持がしだいに稀薄になってきている点に示される。あらゆる偉大な芸術作品は、その性質いかんを問わず、特定の表現意欲から作り出されている。その背後には生命感情が横溢し、この生命感情を再び新たに感得できない者、それを生き生きと呼び覚ますことのできない者は、この作品を再生することができないであろう。再現芸術家の、たとえば指揮者の置かれた状況というものをいちど想像してみるがよい。背後には彼から感動を期待する聴衆が控え（つまり一種の強制的な状況である）、眼前にあるものは、いったいいかにして、どこからこの感動を摑み出すべきかを明白に語ろうとはしない作品、もっとはっきり言うなら、その内部にひそむ生命感情を新たに呼び覚ますことの困難な作品である。指揮者は逃げ道を求めるであろう。いな、それを求めざるをえない。まず演劇術において最も手っとりばやい逃げ道、まさに芝居の行為による逃げ道がある。私たちは「お芝居をする」、つまりありもしない感情を巧みに装うのである。もしまだ真の精神的な素質を持ち合わせている聴衆がいるならば、彼らはたちどころに、どこで芸術家の「お芝居」がはじまり、どこで彼が真に生きること、真に再創造することをやめて芝居をはじめたかを感じとるであろう。大都会の聴衆、なかんずく二、三の世界都市の聴衆にしばしば見受けられるように、もしこの聴衆自体が、内面的に枯死した、空洞化して精神を喪失した多数の人々の集まりであるならば、芸術家の行為におけるる不誠実や内面の虚偽を見わける感情はもはや存在しないであろう。芸術家はさらに仕事を続けることができる。おそらく彼は、ほかならぬこのような聴衆の気に入る特性によって名声をあげることであろう。こと音楽に関してはドイツのみならず全ヨーロッパとアメリカを包括している現代の音楽文化圏において、私たちはこのような場合に数多く出くわす。しかもそれらは、音楽環境がよりいっそう世界都市化するにつれて、増加するばかりである。だがより広い視野に立つなら、これらすべての現象は時とともにおのずと消滅するように思われる。それというのも、人間がこのような感情でひとを欺くことができるのは、せいぜい人間がその感情を、それが真実であった時代からなんらかの方法でなお記憶によびもどせる間だけのことであるからだ。いつまでもたがいにこのような虚偽の感情を装って楽しみ合っていることなどに、人間は興味をなくしてしまう。精神のない人間は、結局、精神の見せかけを放棄したくなる。その人が心の誠実さを持っている場合には、なおさらのことであろう。心の誠実さ、あるいは少なくともその欲求を現代世界に否認することはさだめし不可能であろう。芸術においてこのことは、最近の数十年間にしだいに根をおろしてきた一連の個性的な理論に現われている。

人間が作品の再゠創造に精神的に関与することが少なくなると、精神力は——純粋に物質的な見かたをするなら——離遊して、別な方向に歩みはじめる。芸術家の場合にこれをはっきりと特色づけるのが、いわゆる「技術的コントロール」と呼ばれるものである。技術面でのごくわずかな不均衡、リズム上の不純さや曖昧さなどを聞きわける熟練した耳は、完全で健全な精神をもって再創造する人たちの要請するところである。だがこの「コントロール」は、精神的関与が弱まるにつれてますます幅をきかせてくる。それは、あらゆる再創造過程の自明の前提、いわば必然的な付随現象であるにすぎなかったのに、いまや重要な関心事、決定的な行為へとのし上がりつつある。現代の器楽奏者世界、指揮者世界などの内部における技術的素質のたくましい向上は否定しがたい。しかし、それが精神的な理解や精神的な感受力のこれに匹敵する大きな損失、またファンタジーや真の生活力の同じほど大きな損失をもって贖《あがな》われていることを知るのは、きわめて少数の人々である。

それゆえ私たち今日の芸術家は、人間の精神とは、すなわちあらゆる偉大な、本当に生きた芸術作品の源泉をなし、これまでも源泉をなしてきた力とは、獲得が困難であるが、しかも絶えず新たに戦いによって獲得されねばならないということを心に銘記し、この状況にいさぎよく甘んじなければならない。現代的な思考にとって肝要なことは、世界の意味をその健全さのうちに——本質的には身体的な機能をなくした健全さであるが——求めようとするあの生物学的な世界把握の立場が、決して現実の世界に即応してはいないという事実である。正しく理解して、芸術および芸術家は、今日はやりの純実用主義的な、精神の本来の認識を忘れてしまった生物学に比して、真の健全さや力関係についての、はるかに適確で、信頼のできるイメージを表現しているように思われる。

（一九四一年）

（1） Paul Ernst（1866-1933）新古典主義を唱えたドイツの作家。ゲオルゲと呼応して厳格な形式の復活を望んだ。戯曲、叙事詩のほか、評論集『形式への道』がある。

（2） Oswald Spengler（1880-1936）ドイツの哲学者。主著『西洋の没落』において世界史を文化形態学の立場から考察し、ヨーロッパ文化が没落に向かいつつあることを警告して大きな反響をよびおこした。

メンデルスゾーン
――没後百年の記念日に寄せて

メンデルスゾーンのライプツィヒとの関係については、すでにここで(1)充分といってよいほど語られています。かつてゲヴァントハウスの指揮者であった私(2)は彼の最後の後継者の一人となるわけですが、この関係にはいま触れないことにしましょう。また私がこの意義ぶかい記念日をここで皆さまとともに祝うことができるのを無上の光栄と感じたのも、その理由で、あるいはそれだけの理由によってではなかったのです。もっと深い根拠にもとづいて、私たちは本日ここでメンデルスゾーンの人物ならびに業績を追憶してみたいのであります。

狭量な人種差別主義がメンデルスゾーンにドイツ音楽への所属を否認したのは遠い昔のことではありません。客観的に見て、彼のドイツ音楽への所属ほど明白な事実はないのです。たしかにメンデルスゾーンは、あのおなじくドイツ文化圏に属していたグスタフ・マーラーのように、狭い意味での「ドイツ的な」出来事にとどまったわけではありません。彼の活動は彼の生存中にあってもすでにきわめて全ヨーロッパ的なものでありました。しかし彼が受けた影響や、そののち他にあたえた影響、さらに彼が習得しようとした模範などは、いずれも正真正銘ドイツ的なものであります。彼はあくまでもドイツ音楽史の系譜に属するのであります。彼はあのドイツ気質とユダヤ気質との融合にとっての最も創造的な、それゆえまた説得力のある範例を示し、この融合を不可能だとか嫌悪すべきものだと呼ばわる理論にまっこうからその虚偽を責めます。彼の没後百年の記念日にあたってゲヴァントハウスで私の指揮のもとにやがて演奏されるプログラムの主な曲目として、きわめて世界的で、しかも同時にドイツ的な英雄崇拝の象徴ともいうべき『英雄《エロイカ》』が演奏されるはずですが、これもメンデルスゾーンが彼なりにドイツ音楽史上の英雄であったからにほかなりません。まぎれもなく彼独自のあり方によってであり、つまりそれをここで回想してみることは、本日たまたま記念日にあたっているからというだけではなしに、もっと深い根拠に立ってのことであります。

最近亡くなった有名なヴァイオリン奏者カール・フレッシュ(3)が——彼自身ユダヤ人でしたが——かつて私に、メンデルスゾーンは二流作曲家のなかでの第一人者であると言いました。彼がここで言ったのは、メンデルスゾーンは作曲家として真の大作曲家のレベルには達しないが、このような人々を除けば第一級の存在であるということです。この評価に含まれる消極性は、今日われわれの繙《ひもと》く音楽史の実証するところと一致します。彼の作品の大部分はすでに色あせ、過去のものとなりました。その生命を完全に保っているのは、少数の限られたものだけです。これらの作品が他に比類ない、みごとな卓越性を示すものであることは言うまでもありません。しかし、ここで私たちは、現代にとってつねにドイツ・ロマン主義の一局面での代表者、具現者としての限定された意味しか持たない、あの狭い意味での作曲家メンデルスゾーンを語るつもりはありません。たとえば『真夏の夜の夢』の生き生きとした迫力を持つような作品を、彼はそれほど多く創っていません。だが彼の存在価値は決してこれに尽きるものではないのです。より大きな、ある意味では現代にとってははるかに重要なものと私に思われるのが、文化圏の創造者、一楽派の指導者、また統合者《ジュンテーティカー》としての彼の意義であります。ドイツ・ロマン派において最も品位と重みのある存在、新しい価値の発見者であり、偏狭な周囲世界のうちにも絶えず開かれた精神であったローベルト・シューマンが、かぎりない敬慕の念をもってメンデルスゾーンを仰ぎ見ていたというのも、当然のことでありましょう。シューマンがメンデルスゾーンに見ていたものは、なによりもまず生きた伝統の代表者でありますが、私たちはもう少し時間を費やしてこの点を考察せねばなりません。というのも私たちは、およそ伝統とは何であるかの理解から今日ほとんど遠ざかってしまったからであります。ヴァーグナー＝リストの未来音楽《ツークンフトムジーク》に始まるとされる理論革命、あの持続的な革命の開始以来、「伝統のパトス」というべきものはしだいに無力化しました。これもまた最高級の生きた力でありうることを、現代の人々はもはや知りません。今日重んじられているのは革命のパトスだけであり、この傾向があまりにも強く、あまりにも一方的であるために、人々はそもそも何に対しての革命であるかを徐徐に忘れつつあります。ところでメンデルスゾーンに代表されるこの伝統は、あるまったく特殊な意味においてドイツ音楽の伝統となっています。バッハとベートーヴェンを二つの支柱とし、ドイツ古典音楽を土台に据えたあの統合を最初に創り出したのがメンデルスゾーンにほかなりません。彼によって創設された音楽院《コンゼルヴァトーリウム》、すなわちライプツィヒ楽派は、十九世紀に君臨しました。その背景には、世界を征服し、今日なお世界とともに生きているあのドイツ音楽が控えています。メンデルスゾーン楽派の主導権は世紀半ばにして、周知のごとくリヒャルト・ヴァーグナーによって屈指の演奏者かつ音楽教師だと称讃されたヨーゼフ・ヨーアヒム[4]の手に譲りわたされますが、その背後にはヨーアヒムの崇拝するブラームスが存在していました。バッハの『マタイ受難曲』の最初の演奏も――当時では発見に等しかったのですが――またこの楽派によるものです。一方にバッハ、他方にシンフォニカーとしてのベートーヴェン、これが両端でありました。メンデルスゾーンの念頭にあったものは、最大の価値を有する、最も合法則的な、至高の芸術であります。そして彼がそこに読みとっていたものは、高次の意味での法則であったのです。ライプツィヒ楽派とは法則の楽派、たとえきわめて幅の狭い法則であっても、真に生きた法則の楽派でありました。いかにこれらの法則が濫用されやすいものであるか、また事実これまでにあらゆる種類の音楽教師によって濫用され、いまなお濫用されているかということを間違いなく認識したうえで、私たちは今日この法則に新しい観点をもってのぞまねばなりません。この法則、この伝統とは、なによりもまず個人主義への拒絶であり、しかもそれは現実上の拒絶であります。メンデルスゾーンの法則は旧習《コンヴェンツィオーン》である。メンデルスゾーンの音楽にまず向けられる非難も、それが旧習的であるという点にありましょう。しかし彼の法則はたんなる旧習ではない。いな、それは旧習とは言えないものである。つまりメンデルスゾーンの法則に具わるものは、現代まったく消滅してしまったもの、「自然性のカテゴリー」とでも名づけるべきなにものかであります。メンデルスゾーンの芸術の美学には、ブラームス、スメタナ、チャイコフスキー、シューマンなどの美学、それのみかヴァーグナーの美学にも見られるように、この自然性がなににもまして具わっているのであります。

メンデルスゾーン、ヨーアヒム、シェンカー、(5) ユダヤ的・ドイツ的な民族主義。これらのユダヤ人に言わすれば、私たちドイツ人は、自己を偉大な、いとも高貴な民族であると誇りうる充分な根拠を有しています。今日このことを強調せねばならないのは、悲しむべきことだと言えましょう。

（一九四七年）

（1）一九四七年十一月四日、フルトヴェングラーはライプツィヒにおいてメンデルスゾーン追悼演奏会のためゲヴァントハウス・オーケストラを指揮した。本文はこの演奏に先立ってなされた講演である。「ここで」とあるのはライプツィヒの町、もしくはゲヴァントハウスを意味する。

（2） 一九二二年一月九日ニキシュが急逝したとき、三十六歳のフルトヴェングラーがその後継者として、ベルリン・フィルハーモニーならびにライプツィヒ・ゲヴァントハウス・オーケストラの指揮者に選ばれた。

（3） Carl Flesch（1873-1944）ハンガリー生まれのヴァイオリン奏者ならびに教育者。主としてアムステルダム、ベルリン、ロンドンで活躍した。『ヴァイオリン奏法の技法』をはじめとするすぐれた著書も多い。

（4） Joseph Joachim（1831-1907）十九世紀後半のドイツ最大のヴァイオリン奏者。一八四三年ライプツィヒのゲヴァントハウスの演奏会で大成功を収め、メンデルスゾーンに認められた。四九年より同地に住み、ゲヴァントハウスの育成に貢献した。ブラームスと結んで反リスト＝ヴァーグナーの新しい楽派を創り、ヴァイオリン奏法における古典的スタイルを確立した。

（5） Heinrich Schenker（1867-1935）ヴィーンでブルックナーに師事し、ピアニストならびに音楽理論家として同地で活躍した。「原旋律《ウルリーニェ》」の概念にもとづく独自の理論によってベートーヴェンの作品を解釈し、それはフルトヴェングラーの音楽解釈にも大きな影響をあたえた。

ハンス・プフィッツナーの作品

一つの作品によって、ハンス・プフィッツナー[1]の名は私たちドイツ人と永遠に切りはなせないものになるであろう。すなわち「戯曲的レゲンデ[2]」と名づけられた『パレストリーナ[3]』によってである。いまだかつて芸術家の時代にのぞむ態度、芸術家の本質、戦い、苦悩、いな自己自身というものを、プフィッツナーが『パレストリーナ』においてなしたほど透徹したまなこで容赦なく表現した創造者はほとんど存在しなかった。この作品はひとつの自叙伝であるが、たとえばシュトラウスの作品『英雄の生涯』や『インテルメッツォ』などとは性質を異にし、たんに伝記的なものはすべて吸収され、その背後の本質的なものと関係づけられて現われるという自叙伝である。それは時代の表現、時代に生きる芸術家の表現であり、現代という世界的転換期に立つ芸術を表現するものである。芸術的直観の力、作家の孤独、真の芸術と「現実の」世界との間に横たわる断絶、隔たり、対立などが、この作品におけるほど深い感動をもって示されたことは、これまでにほとんどなかった。この作品には――まさにヴァーグナー以来はじめてのことであり、しかもそれとはまったく異なった意味において——詩人と音楽家とが同程度に関与しているように思われる。『パレストリーナ』とはプフィッツナー自身であり、またプフィッツナーは『パレストリーナ』にほかならない。ここで音楽家は芸術家のために一つの記念碑を打ち立てたのであるが、それは私たちの極度に緊張した時代においてのみ、これほど深い自覚をともなうものとなりえたのである。この芸術的自己犠牲の大きさの前には、あらゆる日常の喧噪が沈黙せざるをえない。

＊

プフィッツナーを同時代の、他の指導的な音楽家たち、つまりシュトラウス、レーガー、マーラー、ドビュッシーなどから分かつものは何であろうか。プフィッツナーが絶えず繰り返し著作において表現した彼独自の生命感情、すなわち孤独者や、時代に抗して生きる者の生命感情のことには触れないにしても、とにかく彼が特異な存在であることはだれしもただちに気づくところである。彼は音楽家としても同時代人たちとは別な仕方で自己の課題に向かう。シュトラウスやレーガーが個人的様式の獲得のために作り出したあの無拘束な対位法的作曲の上部構造などには見向きもしない。彼は疑心暗鬼のうちに、テクニックが作品の精神や意味の上にはびこらないようにと監視の目を光らせている。プフィッツナーが避けようとするのは、ヴァーグナーに由来する、シュトラウスのライトモティーフ的な主題労作とその大衆的効果であり、また似非《えせ》バッハ的な、ときには対位法と和声法によって栄養過剰となったレーガーの器楽曲形式である。シュトラウス、レーガー、マーラーの時代を熱中させた、あの形式の途方もない拡大というマンモス主義の誘惑に、プフィッツナーは一度も屈することがなかった。彼はみずから構想した主題にのぞむ。すなわちプフィッツナーは、たとえ才知ばしり、尊大になりすぎた同時代人たちが彼のことを単純あるいは非創造的であると呼ばわろうとも、なりふりかまわず自己を呈示するのである。作品の創造にとっては、精神的な体験と純音楽的な事象とが一つに重なり合うことが必要である。精神のきわめて高邁な意志ですらも、それにふさわしい音楽上の実現がともなわなければ存続することができない。そもそも音楽的「素材」の光輝燦然たる展開にしても、その背後にある表現意欲に呼応したものでなければ無価値である。このようなことを把握する絶えず目ざめた感覚を保持していたのがプフィッツナーであり、その意味においては彼の世代においてほとんど唯一の存在であった。こうしてプフィッツナーは、他の人々にとって音楽史的な意義の大半をなすもの、すなわち様式の獲得をみずからすすんで断念するにいたった。この断念は彼の作品の影響にとって、つまり作品の現代世界における「実現」にとって決して有利なものではなかった。たしかに彼にしても自己の様式を持たないわけではないが、それは個々の作品の内容とあまりにも密接に結びついている。彼の作品においては、直観が、彼に言わせれば音楽的な「着想」が、同時代人たちの作品に比べて、より大きな役割を果たしている。彼の聴衆に対する態度は、他の人々よりも虚飾がなく、無造作で率直である。まずなによりもプフイッツナーは作品の内容を信じ、みずから構想した主題を信じている。彼はそれによって、いかなるものであれ自己自身というものを信じる。言い換えれば、ここで彼が信じるものとは——この点が重要であるが——人間のあり方、すなわち精神であり、人間が表象するもの、すなわち様式ではない。この気風がドイツ音楽の気風であることは言うまでもない。ブルックナーやレーガーもそうであったように、プフィッツナーは狭義における「ドイツ的」な現象なのである。

＊

もうひとこと、プフィッツナーの老年期の作品について述べたい。彼の言葉を信じるならば、プフィッツナー自身は彼の名づけた「老年様式」の作品をさして重視していなかったようで、それが一部の人々からあれほど高く評価されたとき、まさに怪訝《けげん》の念を示さんばかりであった。ここで問題となるのは、これらの作品それ自体の意味ではなく、老プフィッツナーがその作品によって私たちにいかなる見解を語ろうとしたかである。

芸術家の老年期とはまさに特殊の境地である。老いゆく者が環境への依存からしだいに解放されるにつれて、本来の自己と真の内的要求にしたがって生活し、活動しようとする気持が他の時期には見られないほど切実なものとなる。芸術家がしばしば老境において再び青年時代の出発点に立ち帰るということは、決してこれに矛盾するものではない。生来の素質にそぐわない誤った傾向や適応性がふるい落とされるのである。さて私には、プフィッツナーの老年期の作品の重要性は、なかんずくその完全な「自然らしさ」にあるものと思われる。プフィッツナーによれば、自然な経過、すなわち和声の首尾一貫した展開において、旋律法《メローディク》と和声法《ハルモーニク》と律動法《リュトミク》との組み合わせにおいて、また形式の発展と完成において「自然な」経過をたどらないような音の進行はおよそ存在根拠を有しないとされる。いかに変則的なものであっても、それが芸術となり、普遍的価値をもつ形姿となるためには、自然なものであらねばならず、芸術家によっていわば再び自然へと呼びもどされねばならない。バッハ、モーツァルト、ベートーヴェン、ヴァーグナーなどがすべてそれを信条としたように、プフィッツナーは現代にあってもなおこの自然らしさを信条とするのである。

このような信条それ自体は、五十年前でもほとんど問題とされなかったことだろう。今日、こうした信条の持主は、その信条ゆえに彼を取りまくほとんどの人たちと対立せざるをえない。現在にあっては、自明のもの、まさにこの「自然らしさ」が、なににもまして自明でないものとされている。自然らしさとは、ありのままの自己であること――もちろんそこには、人間が何物かであるというまったく自明ではない前提が含まれているが――、それ以上のものでも、それ以下のものでもない。だからこそ、周囲からの不遜きわまる要求などを気にする必要のなくなった老境というものが、自己に対しても、他に対しても誠実に生きることのできる時期だと思われるのである。他の人人のように生き、同じような態度をとる、つまり芸術家ならおそらく進歩的に、また利口に生きるというのなら、あらためてなにも必要とはしない。しかしながら現代の人並みに分別のある人間として、たんに才知とか進歩性とかにはとどまらない事柄にも価値を認め、「誠実に」、「公正に」、「愛情ぶかく」生きる、言い換えれば外面的な適応性よりも純粋性、すなわち内面的な真実を選び取るためには、まさしくプフィッツナーが一生涯みごとに持ち続けたような、あの知性の勇気が必要なのである。

（一九四八年）

（1）Hans Pfitzner（1869-1949）ドイツの作曲家、指揮者。フランクフルトの音楽院にて作曲法を学び、マインツ、シュトラースブルク、ベルリンなどで指揮者ならびに音楽教師をつとめていたが、一九一七年、オペラ『パレストリーナ』によって一躍作曲家としての名声をあげた。一九三〇年以後はミュンヒェン、ヴィーンを活動の本拠地とし、最晩年はザルツブルクに過ごし、同地に没した。詩人肌で、哲学的・思索的な傾向の強い作曲家で、深い精神性を宿し、まったく独自な風格を具えた作品を多く残した。四つのオペラ、交響曲、協奏曲、カンタータ、百曲以上の歌曲のほか、『音楽的インスピレーションについて』（一九四〇）などの学問的著述もある。ヴァーグナー、シューマン風のロマン派的色彩がつよいため、「最後のロマン主義者」と称されたが、彼の音楽史的意義はこれに尽きるものではない。

（2）元来レゲンデ（Legende）とは、宗教的な伝説にもとづいて作曲された曲を意味する。プフィッツナーは

『パレストリーナ』を「音楽的レゲンデ」とも呼んでいる。
（3）一九一七年六月十二日、ミュンヒェンにてブルーノ・ヴァルターの指揮によって初演された。三幕よりなり、それぞれの幕に序曲がつけられている。テキストもプフィッツナー自身の手になる格調高い文学作品で、ヴァーグナー以後の最もすぐれた「楽劇」とされる。十六世紀のイタリア最大の教会音楽作者ジョヴァンニ・ピエルルイージ・パレストリーナ（一五二五―九四）を主人公とし、個人的ならびに時代的な苦難に耐えつつ真の芸術を追求する音楽家の姿を描いている。「真の創作は神の恩寵による」というのが作品の中心イデーであった。一五六三年のローマとトリエントを舞台とし、法王ピウス四世なども登場するが、内容はかならずしも史実に一致していない。

フィデーリオ

オペラ『フィデーリオ』は、その生みの親にとってはまさに難産ともいうべき作品であった。ベートーヴェンがこれほど多くの変更、改作、訂正を必要とした作品はないし、これほど多くの時間を費やした作品もない。

ベートーヴェンはすでに作品の運命を予感していたのであろうか。オペラの前身『レオノーレ』(1)の上演が最初に不成功をみてから、現在にいたるまで、『フィデーリオ』は自己の地位を維持するため絶えずなんらかの努力を払わねばならなかった。十九世紀の人々は、控え目な敬意を表しつつ、この偉大な器楽作曲家のただ一つのオペラ作品に注目していた。主題そのものは劇的であるのに、この作品にはなにか舞台向きでないものが感じとられた。成功を博した他のオペラに見られた「大入り」などは、事実上『フィデーリオ』に一度もあったためしがない。それは、他の作品の場合よりも特殊な、さまざまな演奏条件に拘束されているし、また聴衆の側にも特別な心がまえを必要としている。オペラのうちに現実世界の多かれ少なかれ空想的・誇張的な再現による緊張緩和を要求する多くの聴衆が、この作品において充分な満足を味わうことはごく稀である。

ほんとうの話だとはどうしても信じがたく、二、三の点では（たとえばマルツェリーネとフィデーリオとの関係）大袈裟とすら言えるオペラの筋、いかに高潔ではあっても――ピツァロの形姿は別として――私たちの現実世界にはほとんど無縁なものと思われる感情が、全体に感傷的・非現実的な性質をあたえている。モーツァルトの作中人物が口にするひとつひとつの言葉、ヴァーグナーのはげしい情熱の爆発すらも、すべて実在の世界から出ている。だがレオノーレの夫婦愛は、現代のリアリストや心理学者にとっては、どこか抽象的で理論的なものと感じられる。私たちは、シラーを「ゼッキンゲンの道徳ラッパ手」[2]と呼んだあのニーチェの毒舌をつい思い出したくなる。（周知のようにニーチェにとって、シラーとベートーヴェンはきわめて親近な間柄にある存在とされていた。）もっぱらヴァーグナーとプッチーニで育った世代が『フィデーリオ』に対して拒否的とは言えずともほとんど無関心な態度を示していたことは、さして驚くには足りない。かつてヴァーグナー自身も、「絶対」音楽のベートーヴェンが作品の序曲であれほど力強く表現したものが肝心のオペラでは「不快なほどの貧弱さ」でしか再び顔を見せないと述べている。

しかしこの風変わりな作品は、いくつか他の側面をも有している。すべての女性に多かれ少なかれ「カルメン」的な要素が宿っていると言えるように、レオノーレの形姿も、女性にとっては不可思議な魅力をもっている。しばしば私の観察したところであるが、歌手の姿をとって現われたこの人物にかぎりない憧れの夢を託さなかった女性はほとんどいない。政治上のなりゆきから、およそ人間的尊厳と自由とは何であるかがドイツにおいて改めてその本来的な意味を問われたとき、人々に救いと慰安をもたらしたものがほかならぬこの作品であり、ベートーヴェンの音楽である。現に、ある現代音楽家は『フィデーリオ』の囚人の合唱が今日の人々にあたえる深い感動はひたすら「素材的」な性質によるものであると説明しているが、それは、ベートーヴェンがつねに七つの封印の書物を意味するような人たちの陥る、あの典型的な誤審のひとつである。事実、ベートーヴェンは『フィデーリオ』において時代向きのオペラや「意匠をこらした」悲劇を書いたのではなく、またリアルな現実を表現したわけでもない。彼はオペラ作家でもなければ「詩人」でもなく、詩人であろうと欲したのでもない。彼はそれとは少し別なもの、すなわち音楽家、予言者、聖者なのである。フィデーリオ脚本の月並なビーダーマイアー世界(3)にもっぱら由来し、およそ心理学的にも裏づけがたい老ロッコの台詞から『フィデーリオ』第一幕の「四重唱」のような音楽が呼び起こされるとき、それを動機づけることは困難であろう。しかし、言葉に暗示されただけの感情がこれほども純朴に、真剣に受けとめられたことがあるだろうか。この四重唱を凌《しの》ぐほどの高貴な音楽が、およそこの世に存在するであろうか。囚われの身という——映画の場合でならつねに成功を収めるような——「素材的」な効果ではなくして、ベートーヴェンが身をもって体験し表現した音楽、自由への憧れが、私たちの魂をゆさぶり、涙を誘うほどの感動をあたえるのである。実に、この『フィデーリオ』

はオペラと呼ぶよりもミサ曲と呼ぶほうがはるかにふさわしい。ここで湧きおこる感情は、ほとんど宗教的世界に触れるもの、あるいは「人類の宗教」にすでに所属するものである。まさに今日ほど、この宗教が私たちにとって、さまざまな体験を経たのち、偉大で必要なものと思われたことはいまだかつてない。

このオペラの無比の生命はまさしくこの点にある。音楽史は私たちに、『フィデーリオ』とは「ヴィーン古典主義者」の作品であり、当時流行の「救出オペラ」もしくは「戦慄オペラ」のジャンルに属するものだと教えるかもしれない。しかし私たちは、この音楽において表現を試みられたものが、一切の歴史的な概念や目標をはるかに超えて、私たちすべての魂に直接に語りかけ、ヨーロッパの人間を絶えず繰り返し自覚へと促し、呼びかけるであろうことを知っている。

（一九四八年）

（1）　一八〇五年十一月二十日、ヴィーンのアン・デア・ヴィーン劇場で初演された。ベートーヴェンはブイイのフランス語台本『レオノーレ――夫婦の愛』の独訳によって、第一稿『レオノーレ』を作曲した。第二改訂版の上演は翌年の三月、第三稿すなわち決定稿『フィデーリオ』の初演はその八年後にあたる一八一四年五月二十三日のことである。イタリア人パエールのオペラ『レオノーラ』（一八〇四）と混同されることを避けて、題名は

『フィデーリオ』に改められた。

（2）十九世紀ドイツの作家シェッフェルの叙事詩『ゼッキンゲンのラッパ手』（一八五四）の題名をもじったもの。ゼッキンゲンは詩人シラーが生まれたバーデン・ヴュルテンベルク州にある小さな町。

（3）ビーダーマイアー（Biedermeier）とは愚直固陋な人の意。ドイツの三月革命前の時代（一八一五—四八）をビーダーマイアー時代と呼ぶ。最初は日常的で簡素な表現を尊ぶこの時代の美術様式を指したが、やがて文学史上にも転用され、市民的で節度を守る傾向を示した作家、たとえばシュティフター、メーリケなどに対してこの表現が用いられた。悪を憎み、夫婦愛をたたえる『フィデーリオ』の筋は内容的にビーダーマイアー的なのである。

ザルツブルク音楽祭

ザルツブルク音楽祭は、ルツェルン、エディンバラ、ヴェニスなどの音楽祭とは性質を異にしている。ラインハルト[1]その他の人々がこれに関与しているとはいえ、ザルツブルク音楽祭は個々の人間から成り立っているのではない。もっと重要なものは、個々の人間の背後にある精神、すなわち個人の功名心などはまったく問題とせず、音楽祭をして特定の芸術精神の発露《エマナツイオーン》としている精神である。また人々は、特定の風土からは特定の影響力が生まれるなどとも言う。人々はオーストリア気質について語り、モーツァルトについて語る。もちろんそのいずれもがもっともなことであろう。しかし、うぬぼれた自己観察のうちに自らを語り、自分を「取り引き」の対象物として世界に宣伝し、自意識過剰となったオーストリア気質は、すでにその最もすぐれた側面をなくしてしまっている。飾り人形、風俗、ポスターとして現われるモーツァルトなどは、もはや真の守護神とは言えない。たんなるオーストリア気質よりも深いなにものかが存在している。だからモーツァルトの作品にザルツブルク音楽祭の本来の姿、あるべき姿を反映させるためには、モーツァルトをその全存在において捉えねばならぬ。土地に根ざし、その土地固有のものとなった芸術感情ならびに生命感情、その基盤の上にザルツブルク音楽祭は成立するのである。モーツァルトの名において自己のたぐいない複合性と混合性とをみごとに特色づけられる、あのオーストリア的・ドイツ的な文化環境が、自らはそれを意識することなしに、この音楽祭のなかにまぎれもなく自己の表現を見出したのである。ザルツブルク音楽祭は世界に語るべきなにものかを持っている。なぜならこの音楽祭は、自己の背景をなすこの土地をさしおいては、事実、世界の他のどこにおいてもこれほど人間の全生命と結びつき、真剣に受けとられ、生気あるものとはなりえない——もちろん音楽上の——事物を対象としているからである。

音楽のアテネ！　ヴェニスに見られるイタリア風の音楽祭でも、ルツェルンに見られる媒介や試みでもなく、またエディンバラに見られるイギリス的で、国際的な大がかりな見せ物のたぐいでもない。ここにおいてはベートーヴェンとモーツァルトが、『フィデーリオ』と『魔笛』が、ただその完璧な上演を期待されるだけではなく、私たちの生命の真髄として把握される。

ここには、適応の必要性などのすべてを超越して、いまなお本源的なものが存在している。ザルツブルクが本来の姿をとどめうるように、ヨーロッパの政治的状況が展開されてゆくことを願わずにはおれない。

（一九四九年）

(1) Max Reinhardt (1873-1943) 本名ゴルトマン (Goldmann)、オーストリアの演出家。ベルリン「ドイツ座」の監督として華々しく活躍していたが、一九一七年ザルツブルクに迎えられて、ホーフマンスタール、R・シュトラウスなどとともに音楽祭の復活のために尽力し、二〇年には祝祭劇場を完成、ザルツブルク音楽祭を本格的なものとした。一九三三年、ナチスに追われてアメリカに亡命した。近代的な舞台演出のあらゆる可能性を追求し、演劇史上不滅の功績を残している。

演奏旅行について

オーケストラを率いた演奏旅行においてどのような演奏曲目《プログラム》を選ぶかという問題は、いかに真剣に取り上げても充分だとは言えないほど決定的で切実な問題である。まず二、三の実際的な見地からこれを考察してみよう。

旅行がまた経済的な基盤の上にも立っていることは言うまでもない。いろんな町でオーケストラに契約を結ばせる音楽経営者は、演奏会がそれ相応の入りを見せることを当てにしている。それゆえ演奏曲目は、マネージャーも言うように、ある程度の「魅力」を持つものでなければならぬ。

私には最初これに値する音楽作品がきわめて多く、無尽蔵であるかのようにすら思われていたが、時とともにその範囲がせばまっていくことは否定できない。つまり、ある作品を旅行中に二、三回だけ演奏するか、それとも十回ないし十二回も演奏するかは大きな違いである。年をとるにつれて、旅行中に手がけることのできる作品は、私自身それに純粋な喜びを見出せるもの、またいかなる観点からしても傑作と見なしうるような作品だけにしぼられてくる。このような作品ならば、回を重ねて演奏しても飽きを覚えることはない。ただ興味ぶかい曲とか問題作であるにすぎないような音楽は、いくどか繰り返すうちに印象がうすれ、たとえば一、二度目には生き生きとした興味をよび覚ましたものでも、四、五回目になればもはや耐えられないものとなる。これは私自身だけでなく、オーケストラ団員のだれしもが感じるところなのである。

　ところで私がはじめて演奏旅行をした二、三十年前に比べると、最近では聴衆のほうもこのような問題作めいた音楽に対して過敏になってきているように思われる。ただ「興味ぶかい」というだけで、あれこれの疑問点を残している音楽を人前に公開しようとする一切の試みに対して、世間はしだいに批判的になってきたのである。このようなわけで私は、ボーリス・ブラッハー(1)の比較的に短い曲を――それも着想にすぐれているのみならず構造上から見ても非の打ちどころがなく、自然な音響効果によった作品を――巡業先のいくつかの都市のために提案しながらも、再び取り下げねばならなかった。つまりこのような演奏旅行用のプログラムは、経済面での支障をきたさないかぎり、徐々に縮小されつつあるのが現状である。演奏旅行が自らでまかなわれていることは、私には当然と思われる。それ以外の条件でなら、私は演奏旅行を決して企てないであろう。このところ大流行のオーケストラ巡回演奏などは、主としてそのオーケストラが専属するラジオ放送の聴取者、あるいは政策的なスポンサーの援助の上に成り立つものであるが、それは私には不正行為としか思われない。またこのようなものは、おのずと再び消滅することであろう。まもなく聴衆のほうが、そこに期待していたセンセーションがそれほど大きくないことに気づくであろうから。オーケストラ経営が国際的なものとなり規格化されつつある今日、聴衆は、いろんなオーケストラの相違がたいした意味をもたず、せいぜいピアノ商標の違い程度のものであることに感づくであろう。私の知るかぎりでは、聴衆向けの広告にピアノ商標も同じように織り込むというような試みは、さすがにまだ見られない。聴衆にとってオーケストラ以上の関心事となるものが指揮者の名前である。しかしこの指揮者そのものがまた、規格化という一般的趨勢に押し流されているのではなかろうか。現代あるものと言えば規格化された指揮者、規格化されたオーケストラ、規格化されたジャーナリズムであり、とどのつまりはまた規格化された聴衆も現われかねない。

ここで私は、音楽界の営利化と機械化につながる現代特有の危険、すなわち熟練《ルティーネ》の優位というものに言及せざるをえない。音楽とその未来をなおも信じようとする若い芸術家たちが、現在なされているこうしたプログラムによる、こうした演奏旅行を、もっぱら名人芸につながるものだと見なし、それ以上の深い意味を認めないとしても、しごく当然なことである。

にもかかわらず、なぜ私がこのような演奏旅行をなおも続けるのか、また、なぜ私は演奏旅行がそれなりに私たち音楽家にとって積極的な意義をもつと信じているのか。その理由は、上述のように、今日の演奏にとっては熟練の危険ほど大きな危険はないと考えるからである。私の課題とは、自分の演奏する作品を、あたかも私自身がそれにはじめて接するかのように生き生きと再現することにほかならない。私は、極力、この作品がひろく世に知られたものだという印象を取り去るように努め、惰性に陥ろうとする一切の可能性を避けようと試みる。もし私が時代からの支持を得るならば、音楽が私の手によって音楽の本来あるべき姿、すなわち真の共同体験になるという満足を味わうことであろう。

（一九五二年）

（1） Boris Blacher（1903-1975）バルト地方出身の作曲家。ベルリンに学び、同地で活躍した。オペラ、バレエ音楽、協奏曲、歌曲などの作品が多く、簡潔で非ロマン主義的な作風を特色とする。

混沌と形象

現今の音楽界にうかがわれる特色は、理論が途方もなく膨《ふく》れあがり、それに呼応して本来の音楽《ムズイツ》行為《イーレン》が後退していることである。時代によって認可されたイデオロギーとか、時代への順応を裏づけてくれる企画《プログラム》によっていわば正当化されるのでなければ、音楽家はもはや楽譜ひとつすら書くことができないというのが、ほぼその現状である。

このことを一概に短所だと決めつけるのはまだ早い。自然で創造的な時代にあっても、いわば共通の世界観とでもいうべきものが作曲家と聴衆とを結びつけていたからである。ただ今日においては主眼点が別なところに移された。あたかも音楽がただ自己に必要な世界観的上部構造のための一種の解説であるかのように評価され、しかもこの上部構造に本来の仕事があるかのような観を呈している。ところが音楽そのものは自己を支えるイデオロギーにどの程度まで実際に即応しているのか——この肝心かなめの問いが、私の知るかぎりでは、まだ提起されていないにも等しい。音楽それ自体ではなしに、その趨向が論議されているのである。その結果、現在にあっては二種の音楽が現われるにいたった。すなわち、新聞紙上で論じられる音楽と、実際に演奏される音楽とである。

この事情をつまびらかにするため、一例をあげてみよう。アルトゥル・シュナーベルはたんに秀れたピアニストであるだけではなく、価値ある、卓越した作曲家でもあった。彼はモーツァルト、ベートーヴェン、シューベルト、その他の偉大な巨匠たちに精魂をかたむけた解釈者であった。しかし彼が公に披露したレパートリーは、ブラームスまでにとどまっている。彼がブラームス以後の作品を演奏したことはほとんどない。したがって世間は、シュナーベルが現代世界には無関心で、ひたすら過去に向かう芸術家の一人であると思いこんでいた。

ところで、この同一人物がまたしても作曲家であった。そして作曲家としてのシュナーベルは、およそ彼が自己に目覚めるやいなや、どこまでも進歩的な急進主義に徹し、シェーンベルクに対してすら「無調性《アトナリテート》」の点では一歩もひけをとることがなかった。彼が作曲家としてもピアニストの彼と同様の価値評価を受けたというわけではない。しかし彼は逡巡することなく、確信と自覚をもって作曲しつづけた。ここにおいても彼は自己自身、すなわち彼の人格の規準に誠実であったと言わねばならぬ。たとえ彼の作品に対する世間の評価がどうあろうとも、それらは決してディレッタントの作品のたぐいではなかった。

さて、いかにしてこの矛盾を統一すべきなのか。同じ人間が再現芸術家としては古典音楽の情熱的な擁護者となり、他方、作曲家としては急進的な現代音楽家になったとは。かつて私が彼の音楽活動に見られる、この歴然たる矛盾について質問したとき、彼の返答は、「私はモーツァルトのように作曲しています」とのことであった。唖然とした私の顔つきを見て、彼はただちに次の言葉を付け加えた。「才能において私の劣ることは言うまでもありません。しかし作曲の創造過程そのものは、私においても、かつてのモーツァルトの場合と同じように実現しているものと考えます。すなわち、流れるように、自明で、平易に、そして反省《レフレクシオーン》になんら煩わされることなしに実現しているのです。」

この答えそのものが、すでに「反省」ではなかろうか。真の作曲家が、自己の創作過程が「自然で、流れるように」感じられるというような指摘によって、自己弁明を試みているなどと考えられるものであろうか。作曲家にそもそも創造過程を釈明するという義務があるのだろうか。それはむしろ作品のなすべきことではないのか。共同体《ゲマインシャフト》に語りかける作品においては、この共同体にも発言の義務があたえられているのではないか。それとも現代の作曲家にあっては、作品がもはや共同体に語りかけていないとでも言うのだろうか。

より厳密に吟味してみると、私たちは一つの事態に気づく。ピアニスト兼解釈者のシュナーベルは、いまだかつて自作の作品をみずからの手で演奏したことはない。彼の作曲したものには大きなピアノ・ソナタもいくつかあるが、その演奏は他の人々にゆだねられた。シュナーベルは作曲家シュナーベルのために尽力しようとせず、それは他の人がなすべき仕事だとされたのである。まずなによりも過度の感受性、あるいは他人の前に出しゃばるという物おじの気持などが彼をそうさせたのかも知れない。しかしこの推測は当たっていない。むしろ彼は自己自身においても、解釈者と創造者とを峻別しようとしたのである。あるとき彼は私に次のような話をしてくれた。彼がどこかアメリカの小都市でピアノの夕べを催したとき、休憩時間に一人のアメリカ人が楽屋に飛びこんで来て、「あなたは今日嘘をついたか、それとも私たちがあなたの自作の曲を聴いた二週間前に嘘をついたかです」と叫んだということである。彼がこれに対してどのような返事をしたのかと私が尋ねると、シュナーベルは微笑を浮かべて、「おそらく二度とも嘘をついたのでしょう」と答えた。もちろんこれは、厄介な質問者から逃れるための個人的な返答にすぎない。しかしながら、ひとが真実を語るとき――創造者以外の誰がそれをするというのであろうか――、彼はそれに対して責任を負わねばならず、自らもそのように望むことであろう。

正しく理解してほしいが、シュナーベルは決して主体的な立場において不誠実であったのではない。むしろ私たちは、彼が自己自身に対してこれほども大胆であったこと、だれの目にも覆いがたいこの演奏者と創造者との間に開かれた矛盾を、おずおずと内面に隠しこむのではなく、それをあらゆる聴衆の前に告白したこと、つまり彼が本来の自己に徹したということに対して、感謝しなければならない。ここには、一個人の場合を通して、しかもとりわけ顕著に、およそ私たちの時代全体の課題と思われる問題が示されている。まさにその態度の確固たる真実さによって、この芸術家は私たちに一考をうながすのである。

それはまず第一に作曲家の問題である。ここで特色的なことは、シュナーベルにとって自己弁明としては創造過程の「自然らしさ」というだけで事足り、彼がそれ以上の賛同や、彼の作曲の真の成果などを断念していたということである。今日、これと同じような態度をとる作曲家があまた存在するのではなかろうか。聴衆、つまり作曲の対象とされる人々が何を言おうともそれを気にせずに飽くことなく作曲を継続し、しかも「モーツァルトのように平易に、流れるように作曲する」からというだけで、自分が創造的だと思いこんでいるような作曲家のことである。そして世間は――もちろん素朴な大衆ではなしに一部の関心ある専門家たちを指すのだが――客観的な判断の規準というものを驚くほど欠いているから、この人たちの言葉を鵜《う》呑みにし、次から次へと精力的に作曲する人のすべてにモーツァルトやシューベルトを想像しがちなのである。ただ彼らの大部分がシュナーベル級の解釈家をも兼ね合わせていないから、ここに生じる内的矛盾が表面に現われないだけなのである。

さて私たちの問いは、なぜこの疑いもなく偉大で聡明な芸術家が自己のうちに創造者と表現者とを区別したのか、なぜ解釈者が――それがおそらく当然であり、また従来見られたところであったのに――無条件には作曲家を弁護しなかったのかという点である。

これはおそらく作曲家の質《たち》によるものであろう。なぜなら解釈者、ピアノ奏者としてのシュナーベルは、他人と同じように演奏をし、言い換えれば聴衆と芸術家との間に交わされる生き生きした感情のながれに没入したからである。たとえ他人の音楽を借りてであろうとも、彼は共同体のために演奏し、自己を共同体に捧げている。だが作曲家としての彼は象牙の塔にこもり、とぎすまされた神経と熟練した知性とを活用し働かせようとする彼の傾向、つまりこれほど多くの現代人に具わる傾向に従ったのである。これもまたそれなりに興をそそる仕事であり――なぜそうではないと言えようか――、他人がそれを真面目に受け取ってくれるなら、なおさらのこと結構である。しかし、まさにシュナーベルが体系的で意図的な解釈者であったから、彼は自作の曲をみずからのレパートリーに加えず、まったく同じ理由によって他の同時代人たちの作品をも取りあげなかった。解釈者としての彼がよく知っているあの現実の聴衆にとって、およそ作曲家にふさわしくない他の規準が妥当するということを、解釈者シュナーベルは感知していた。もしそうだとすれば、そもそも彼はなにゆえに作曲したのであろうか。

さて、まさしくこのことが問題である。現在、シュナーベルと同じように、自分と自然的・直接的に結ばれている聴衆に語りかけることなく作曲に従事しているすべての人たちは、いったいなぜ作曲するのであろうか。かりに作曲家としてのシュナーベルが聴衆の方に向かっていたならば、自作の曲の演奏をも絶対に断念してはいなかったであろう。

芸術家の側から見て、作品とは自己と聴衆との生き生きとした交わりにおける結合を示す符合である。本来そのために作曲がなされている現実の聴衆から断じて回答を求めないというような信念は、しだいに意志を崩壊させ、それのみかついには創造の能力すらをも破壊してしまう。背後にある支えとしての共同体がなければ、音楽作品は、それは真の意味での共同体的産物であるから、生きることができない。すでに述べたように、生きた聴衆を求めることなく悠然と作曲を続ける（未来のために、と彼らは語り、そう信じているのだが）音楽家が多数いるとするならば――シュナーベルの場合だけがそうなのではない――、音楽および音楽家についての私たちの概念が変わったか、それとも聴衆もしくは世間一般が変質したかのどちらかである。

音楽家と聴衆との関係が二十世紀のほぼ無調性時代のはじまる頃から変貌したということは、いずれにしろ議論の余地なきところである。このことはたんに「広汎な」聴衆によるだけではなく、直接の当事者である音楽家自身によっても認められている。

まず私たちの問いは、この聴衆とはそもそも何物であり、誰であるのかということである。ここで問いが発せられた意味において、聴衆とはまず第一に芸術家が創造とともに語りかける偉大な対面者《ゲーゲンユーバー》、すなわち「なんじ」の一部分である。この聴衆がたとえば市民であるか、それとも労働者であるかというようなことは問題にならない。それがいかなる国民に属しているかということも同様に問題外である。日本人のように血のつながりという点では私たちとまったくかけ離れた国民でさえも、今日ではヨーロッパ音楽に対して受容的な姿勢を示している。問題は何かといえば、それがあくまでも大衆であり、個々の人間の集合ではないということである。大衆とはまず第一に、共同体として感知し、共同体として反応する人間であらねばならぬ。これがたんなる集合との相違である。個人の意識的な表現や思考がいかに曖昧なもの、それのみかいかに愚鈍なものであるか、しかもこの同じ人々からなる大衆が全体としてはいかに驚くほどの首尾一貫性をもって、いな、いかに分別のある態度で振舞うものであるかは、しばしば専門家によってでも驚異の念をもって確認されたところである。

「広汎な」大衆が音楽活動のために「経済的な」地盤を提供することは言うまでもない。しかし芸術家にとっての大衆の意味はそれほど明確にされていない。芸術家にとって、大衆とはいわば「仮想の聴衆」を代表するものであり、この聴衆に向かって芸術家は使命とともに語りかけるのである。おおよそバッハ以後の作曲家たちにとって、聴衆とは「最終審」とでも言うべきものであった。彼らはそれを無条件に、方向づけの指針、尺度と規準をあたえるものだと見なしていた。聴衆とは共演者《パー》であり、彼らが語りかけるべき相手であったのだ。専門家や美学者たちは今日、バッハ、ベートーヴェン、シューベルト、ブラームス、ヴァーグナーなどの作品から抽出した「芸術法則」について語るが、これら一切の法則にしても、「聴衆」を抜きにしては考えられない。作曲家を仮想の聴衆の方へと促す指針が存在し、それによって作曲家は、誤解の余地のない明確さをもって聴衆に語りかけ、自分を正しく完全に理解させるためにはいかにすべきかを学ぶのである。それゆえ同時に、聴衆とは——たとえ現実の聴衆がいかなるものであろうとも——おおよそ巨匠によって創り出されるものであるとも言うことができる。ベートーヴェンが、ヴィーンでの彼の演奏会において彼に出くわした現実の聴衆に向かって、絶えずあれこれと非難をあびせかけたという話は有名である。しかもベートーヴェンは彼の作品、とりわけ彼のシンフォニーによって十九世紀の演奏活動全体に決定的な影響をおよぼし、いわばその創造にあずかった人物なのである。ところで、あらゆる論争、あらゆる見解の対立にもかかわらず十九世紀にはなおも深い次元において聴衆と芸術家との間に存在していたあの表現しがたい信頼関係が、いまやぐらつきはじめていることは否定できない。ヴァーグナーにおいて、いなシュトラウスにおいてさえまだ見られた聴衆との「理想的共同体への結合感」、聴衆に心からの信頼をもって仕えようとする感情は、現在ほとんど残されていない。現代音楽家は、聴衆に最初から要求をもって立ち向かう。彼は聴衆に仕えるのではなくて、むしろ聴衆が自分の絶対命令に服することを欲する。彼はもはや共同体のうちにあるのではなしに、その上方に構えているのである。したがって彼は、聴衆に対する価値評価、すなわちほとんど価値を認めていないという事実を決して隠そうとはしない。普遍的・理想的な包括関係は目的関係に変わってしまった。現代作曲家は聴衆に（少なくとも聴衆が経済的には必要なのだから）感化をおよぼそうとするが、それは監督の意味、いな威嚇の意味においてである。洪水のような宣伝、現在意のままになるありとあらゆる手段を用いてなされる宣伝が、現代音楽家のために聴衆の頭上にふり注がれるのである。

これらすべての事象の根底に、少なくとも現代作曲家の驚くべき寡欲さが観取されるのではなかろうか。宣伝が聴衆を沈黙させることによって機能を果たすとき、彼はそれをほんとうに成功だと見なしているのだろうか。彼は実際に、人間の内面に生起するものよりも新聞紙上に書かれるもののほうが重大であると考えているのだろうか。そもそも目的のための宣伝を信じることが、芸術になんらかの関わりを有するのであろうか。

とどのつまり、言い換えれば長い期間を置くことによって、この得体の知れない何物か、すなわち「聴衆」が宣伝などには影響されないものであることが判明する。聴衆を臆病にならせることは容易であろうし、聴衆からその自覚を奪うことも可能であろう。そうすれば、聴衆というものは無言のまま沈思瞑想してしまう。だが聴衆をそそのかして、彼らにふさわしくない事物を強いて美しく感じさせようとするようなことは、結局のところ不可能である。聴衆とは本能的に、必然的に、自己自身には意識されないが内面に宿っている法則にしたがって判断するからである。まさに芸術家が希求せずにはおれないもの、すなわち自己と聴衆とのあいだに期待される「愛の共同体」は、権力とか監督、あるいはいかなる種類のものにせよ理論などでは打ち立てることができない。現代の前衛派音楽家と真の「広汎な」聴衆との間の隔たりは、最近の数十年間においていささかもせばめられなかった。存在するわずかな例外も、ここではむしろ原則を確証するだけのことである。無調性の時代が始まってから、たとえば『バラの騎士』にはまだ見られたような本物の出し物オペラが、もはや書かれていないという事実は決して偶然ではない。

これらすべての出来事を絶えず観察している人、すなわち音楽史家たちにこの点を尋ねてみたところで、なんの教示も得られはしない。たしかに、真の認識と評価をふまえた洞察は、そのほとんどが後の時代の産物である。とりわけ同時代の音楽史というものは、一般的に見て、時代のスローガンにあまりにもやすやすと順応してしまうという危険性をたえず孕んでいるからである。事実、おざなりの「歴史的な観察方法」が、しだいに現代のイデオロギー的宣伝の主要手段のひとつになってきている。このような方法は、あらゆる可能な相違点を無視して、バルトークやヒンデミットなどに「現代の古典派」という刻印を押したり、彼らにモーツァルトやベートーヴェンがその時代に対して有していたのと同一の意義を付与したりすることを、いとも簡単にやってのける。この半世紀のほんとうの音楽史が書かれるまでには、かなりの長い年月が必要であろう。

無調性《アトナリテート》の開始、すなわち突然に束縛と感じられるようになった調性《トナリテート》からの解放が始まったのは、ほぼ二十世紀初頭のことである。最初に狼火《のろし》をあげたのが、当時としてはまったく斬新な、きわめて大胆で首尾一貫した十二音階作曲法を創始したアルノルト・シェーンベルクにほかならない。ここで問題とされたのは、当初はそのように思われ、また多くの音楽家たち、現代音楽の人々すらもそう思っていたように、既存の素材をさらに先へと展開させることではなかった。それは、音楽界に導入されたおよそ新奇なものであった。この新奇さ、つまり協和音《コンソナンツ》と不協和音《ディソナンツ》との溶解、ならびにそこから必然的に要求される音素材の新しい配置が、音楽の創造過程を変えてしまった。これまでは感情が理性を導入することによって促進されてきたこの過程が——そこでは感情が無条件に優位を占めたが——いまや突如としてその域を越え、従来はもっぱら自然な調性的結合を避けるために用いられてきた、あの思弁的音符を獲得するにいたる。

これによって一方では音楽の表現要素が変わり、聴衆は新しい、まったく未知の課題のまえに置かれたのであるが、他方、ひとつの作曲方式が獲得され、それは作曲家に見せかけの新しい自由、調性の「脅威」からの突然の解放感をあたえた。このことは作曲家に、まさに陶酔にも似たものをあたえた。聴衆の受容能力などへの顧慮は取りもなおさず不名誉な挫折であると見なされるようになったのも、当然のことであろう。とりわけ彼らは、音楽史的に基礎づけられたイデオロギーのなかに宣伝のすばらしい手段を所有していたのであるから。まず第一に、まさにこれこそ注目すべきことなのであるが、作曲が——私はシュナーベルを念頭においている——再びモーツァルト時代のように平易なものとなった。この運動全体が途方もない速さで蔓延するにいたったのも、決して不思議ではない。すでに第一次大戦の数年後には、ヒンデミットとクシェネックの活動開始とともに無調性的趨向がその最初の頂点に達している。およそ音楽史上の最大の革命が——事実ここには、上述のように根本的に新しいものが登場したが——ほぼ十年足らずの年月のうちに演じられたわけである。

この革命の全射程が新聞の読者によってだけ推し量られたということは、まさに特色的である。それは公共の革命であった。それゆえ、まず第一に、同時代の作曲家に対する公共の態度もまた変化したのである。過去の創造的な時代において、作曲家の地位は決して安泰なものではなかった。古くから自然全体に行きわたっていた、強者のみが存続し、目的を達成するというあの「生存競争」に、作曲家は否応なしに参加せねばならなかった。鈍重にして感化されがたく、変化に乏しい集団としての聴衆は、自分の熟知し、親しんでいるものに没入し、いかなる新奇さに対しても最初はつねに反発的であった。それのみか専門家やジャーナリストすらも――明らかに当時のジャーナリストは聴衆との間に今日よりもはるかに密接なつながりを有し、聴衆の声を再現していたから――拒否の態度を示し、ときには聴衆そのものよりも一段と拒否的であった（のちには傑作と認められた多くの作品に対する彼らの最初の反応が示すように）。にもかかわらず、ある作品、ある作曲家が名声を博したとすれば、その功績はこの作品、この作家に帰せられるべきである。そして彼が名声を博したのは宣伝のおかげではなく、聴衆の認識によってである。彼は聴衆をその天下周知の鈍重さにもかかわらず心から感服させ、聴衆の援助を借りて彼なりの方法で新しい「共同体」を打ち立てたのである。もともと若い作曲家は、当時なんらの保証も公共の場においては有しなかった。世間は彼に対していかなる社会的義務感をも持たなかったのである。もし作曲家が聴衆の気に入らない場合、つまり彼の作品が及第点に達しないという場合、彼はごみために投げ捨てられたも同然と覚悟せねばならなかった。

今日の情勢はこれとはなんと異なっていることであろう。すでに通則であるかのように、若い作曲家は世間から未来の「担い手《ガラント》」として甘やかされ、愛撫され、それのみか上にも下にも置かぬもてなしを受けている。もちろんこれは、彼が時代のイデオロギーに即応し、作品が進歩的と目され、「未来を志向する」ものであるという前提に立ってのことではあるが。現在のこうした知的な意識状況のもとに、やがて彼は私たちの指導者の一人として数えられるようになる。今日この種の作曲家がきわめて多数であるから、広い一般社会の側からも一種の社会的責任感が生じてくる。若い人人には生活と仕事の可能性をあたえねばならぬ、彼らのなかには私たちの未来が宿されている、これだけの理由からしても、私たちには彼らの困難な道をできるだけ平坦にしてやる義務があるというわけである。

つまり彼らにとっての関心事は――ほかならぬ公共の場において――、私たちの芸術的な未来一般、すなわち「現代人」全体の未来をおもんぱかったうえでの加担というようなものでは断じてない。いな、それは作曲能力の実現、特定の作曲家グループの利益、音楽家にとっての作曲上の仮説もしくは作曲方式である。大衆はここでは二の次の問題とされる。およそ「現代人」は、音楽がいわば彼の「魂」に語りかけるために存在するのではないことを認識せねばならぬとされる。それは、かつてのロマン主義的な臆断にすぎなかったのだ。

実に、以前の駆け出しの音楽家にとっては、なんという状況の変化であろう。世間から未来の担い手と見なされる幸運を摑むことができず、ともかく音楽を——それも非常に立派な音楽かも知れないが——作ることに甘んじているような人々の運命については語りたくない。このような人たちは現在、そのあり方いかんとは無関係に、死以上の死に陥っている。彼らについては、ひとことも費やす必要はないと思われる。ところで、当世ばやりの世界観の確証として保護されている人たちはどうなのか。彼らの状況を冷静に観察してみると、このような保護が残念ながら、善意と心からの確信をもって現在の諸情況に参加し、それを維持している人々の考えているのとはまったく別な結果をもたらしているように思われる。もはや作曲家は、いわば作品によって絶えず新たに聴衆のまえで身の証《あかし》を立てる必要はない。作品が真剣に受け取られ、演奏されるためには、ある流派に属してさえいれば充分である。その結果、当の作曲家にとっては、ひとを骨抜きにする誤った「温室的雰囲気」が作り出された。それは、現状が示すように、とどのつまり彼らの創作を展開するうえでなにひとつ益するところがないのである。外敵である鷲や狐などを射殺してしまった保護区域に兎を住まわせると、それは生存のための用心ぶかさや順応性をしだいに失って退化するということであるが、芸術についてもこれと同じことが言える。不運な作曲家たちのためにあらゆる政策を講じるという現代社会の姿勢に影響されて、大衆相手の彼らの仕事は向上するどころかむしろ悪化するという事実が、ここからも完全に読みとられるのである。グループが個人の面倒をみてくれる。個人にとっては、グループへの所属を明らかにし、それによって公共のモラルに仕えることのほうが、大衆をまえにして身の証を立てることよりも重要なのである。そもそも彼自身が大衆というものを、最大の条件つきでのみ、自己にふさわしいものとして「是認する」のであるから。

もちろん、これまでの歴史を考察してみれば事情は異なるように思われる。人間に立ち向かい、人間を克服したのはつねに個人であった。モーツァルト、ベートーヴェン、シューベルト、ヴァーグナーなどは、どの「流派」にも属していなかった。今日では個人がグループの庇護を求めている。かつてトーマス・マンが、自分はいまだかつて徒党に属したことがなく、特定の芸術的な「世界観」を信奉したこともないと表明したが、そこには一種の誇りがなかったわけではない。彼はこの「光輝ある孤立」を尊重したのだが、それはもっともなことであった。とにかく作品を通していまなお現に私たちのもとに生きている芸術家は、その人々が私たちのもとになおも生きているかぎり、いずれもこのような単独者であったのである。

さて、徐々に確立されたこのようなグループの支配権を説明するために、私たちはたしかにいろんな根拠をあげることができる。たとえば、あらゆる近代的な手段を用いて働き、すぐれた機能を発揮する組織があげられる。その背後に隠れているものが大出版社の金の力であり、彼らは自分たちの楽譜を売りつけようとし、そのためには今日なお活躍中の他の系統に属する音楽家だけでなく、最近にいたっては、まさにそのおかげで実際にはいまの音楽界が生存しているのに、彼らにとっては競争相手だと目されている偉大な過去の作曲家たちをも多かれ少なかれ軽蔑し、そのレベルを引き下げることが必要だと考えている。現代人の内的な無力化と価値低下とは、すでにこれほどまでも進んだのであろうか。この偉大な数世紀のヨーロッパ音楽を支えてきたあの大衆はもはや存在しないのであろうか。

確実に言えることが一つある。もし理想的な意味での大衆がもはや芸術家によって神の裁き、自然の声、人類の判決として受け取られず、大衆がもはや神より遣わされた共演者ではなくなって、芸術家と大衆との愛の共同体がすでに不可能なものとなったのならば、これまで芸術と呼ばれてきたもの、あらゆる真の創造が終わってしまったのである。

この注目すべき事象全体の背後には、より高い必然性、一つの力が働き、こうした事象はたんに背後にあるものを示す符合と表現にすぎず、それ自体では解明することが不可能である。私にはいつもこうとしか考えられなかった。ここで私は少し話をもとに戻さねばならぬ。

アフリカの原始林、たとえばコンゴ地方で一夜を過ごした人は、いわば解放された自然が人間の心情にあたえる不気味な印象を語ることができる。そこでは、あたかも冥府の水の堰《せき》がことごとく開かれ、生気をはらみ、宇宙の恐ろしい根源力をなまなましく伝える無数の声が怒号するかのような感じである。ここで現代人が肌身に感じるものは混沌《カーオス》であり、その体験は彼にとって——冷静に表現するならば——ある異常な「感情《ゼンザツィオーン》」を意味する。

もしだれかが、おなじくアフリカの原始林で、はてしなく鳴りひびくニグロの太鼓の音を聞くとすれば、その人は前の場合とは異なった、しかし本質的には類似した印象を受けるにちがいない。あらゆる方角より、遠くまた近くから執拗《オスティナート》なリズムで絶え間なしに鳴りひびく太鼓の音は、その一夜をヨーロッパ人にとってきわめて感動的な体験の夜とすることであろう。ここにもまた——音の粗暴な力によってではなく、音のリズミカルな無情さと連続性とによって——他と比べようもない、音響学的にまったく原始的《エレメンタール》な効果が現われている。

さて、ここで音響学的にいわば「自然状態」のままで喚起された混沌は、現代ヨーロッパ人の芸術としての音楽に対しても、ある役割を果たしているように思われる。私はまたしてもピアノ奏者シュナーベルの場合を思い起こす。一方ではピアニストとして偉大な過去の伝統に、他方では作曲家として純非合理的なものに拘束されるのを感じていたシュナーベルのことを。以下は私の推論するところであるが、二十世紀初頭に現われ、従来の調性的秩序のかわりに音響としての混沌を置いたあの理知的思弁の侵入が、本当にただの異物にすぎなかったと仮定するなら、当時それまでは健全であった音楽のうちに流れこんだエネルギーもしくは毒素は、その後三十年のうちに、とっくに吸収されてしまっていたことであろう。その運動は今日すでに終息していることであろう。しかし事実はそうでなかったのだ。現代人、少なくともその一部は、以前には見られなかった「混沌」への親和性《アフィニテート》を有しているのにちがいない。それ以外の事態ではなく、まさにこの事態こそ現代音楽における真の新しいものなのである。

さて私たちは、その基盤をなすものが何であるのかをさらに問いたい。なぜこの混沌が以前の人人にとっては、今日明らかに見られるものと同じ役割を演じなかったのであろうか。人間そのものが、最近、本質的に変わってしまったのか。私たちの体験した二つの世界大戦がこれになにか関係しているのであろうか。

それはともあれ、私たちに冷静で現実的な自己認識の明晰さを要求する一つの問題がここに提出されている。もういちど繰り返して言うなら、現代音楽にのぞむ場合、現代人の多くが過去の人間、たとえば一九〇〇年以前の人間に比して、内面で非合理的なものとより密接な関係を有しているという仮定が必要である。まさに現代人の自己意識と生活感情に属するものとして、自分の芸術は混沌との関わり合いを喪失しなかっただけではなく、なかんずく、今日この混沌の最大の対立者であると見なされている理性《ラチオ》とか、計算的なものには陥っていないことを絶えず新たに証明しているのだという意識がある。たとえ調性の、ほんらい価値のある他の諸属性（たとえば建築的な様式を形成する力）がそれによって放棄されざるをえないにしても、とにかく人々の対決しているもの、人人の恐れ、回避しているものが、調性の体系内にひそむ理性にほかならないのである。理性に対する恐怖と混沌への頽落とはたがいに関係を有するだけでなく、根底においては同一のものである。

それがまさに現代の人間においてこれほど顕著に認められるのは、どうしてであろうか。

音楽史は、すでに述べたように、この問いに対してなんの解明をもあたえてくれない。それのみか音楽史は、本来なら歴史的考察に委ねられるべき事柄でさえ、これまではその大半を看過してきたように思われる。すなわち一世代前から、つまり第一次大戦が終わった頃から、音楽においては真の意味での発展がほとんど皆無であったという事実を看過している。あの時代には無調性の最初の大々的な出発が見られた。シェーンベルクの理論、バルトークの作曲が現われ、ストラヴィンスキー、ヒンデミットなどによるきわめて進歩的な作品が書かれている。その後、この新しい自由は、もはや当時の域を越えて押し進められることはなかった。もちろんこの自由を体系化しようとする試みはなされた。この分野ではシェーンベルクが彼の十二音階作曲法を掲げて先頭に立ち、これにまた他のいくつかの体系が続いた。この間には現状を克服し、部分的に古いものと新しいものを結合しようとする重要な独自の試みもなかったわけではない。しかし、そのいずれもが全体的状況を変えるにはいたらなかった。発展はもはや前進していない。人々の自己および芸術に対する現今の考え方にもうかがわれるように、発展はしだいに「素材《マテーリエ》」に向かって集中されたのである。ここで要するに発展し、前進したものは、素材を用いる人間ではなくして、和声法《ハルモーニク》そのもの、律動法《リュトミク》そのもの、すなわち音楽的素材の方法論である。本来この素材がその表出として仕えるべき人間の心情は、ほとんど問題とされていない。たとえば歴史家たちは、どの時点までなお調性的和声法を機能的に用いることが「許された」か、いつからそれが不可能になったのか、というようなことを非常に厳密に実証した。このような発展全体がはっきり一つの目標をめざして進むようになれば、それにつれて彼らの思考は進歩、ぜがひでもの進歩という固定観念に縛りつけられてくる。いかなる進歩といえども、それが素材にのみ集中されるなら、まさにそのためにいつかは停止せざるをえないのであるから、このような固定観念はなおさらのこと奇妙だと言わねばならぬ。それにもかかわらず、無調性音楽と調性音楽、新しい音楽と過去数百年のヨーロッパ音楽との間の潜在的な矛盾は、今日にいたるまでその激しさと尖鋭さをいささかも減じていない。武器は変わっても、最前線はいぜんとして対峙し合っているのである。莫大な宣伝の出費にもかかわらず、新しい音楽のために、より広汎な信頼すべき大衆を獲得することには成功しなかった。そうかといって新しい音楽は、自己に固有な道徳的・社会的・倫理的な価値においてなにひとつとして本質的なものを失うこともなかったのである。

私たちはこう考えざるをえないのであるが、ここにこそ、この危険な、いかなる当事者にもこれ以上耐えがたい状況をなおも持続させている、より深い根拠があるのにちがいない。おそらくこの状況は不可避なものではなかろうか。各自の立場に応じて一方では積極的に、他方では消極的に解釈されている現代的な生の発展がもたらした必然的な結果が、ここに現われているのではあるまいか。

私は次のように信じている。すなわち現代人の知性は、それがひたすら外部世界の技術的な克服を目指しているかぎりでは、かつて人類史上のいかなる時代にも見られなかったほどの、首尾一貫した力強い発展をなしとげた。計画する理性や技術的な計算による世界の征服と圧制とは、今日、高度に実現されるにいたった。しかし、それは私たち自身の上にもさまざまな反動を呼びさましたのである。これまで暗黒に閉ざされていた世界の一部分を現在めざめつつある明晰な意識のために新たに解明し、他方これに対して相応の代償を支払わないというのは、そもそも無理な話である。その代償とは何であるかを、私たちはおもむろに理解しはじめている。

人間は、理性と混沌との間におかれた生命を生きている。すなわち人間によって征服された世界と、非合理的なもの、把握しがたいもの、窮めがたいもの、超越的なもの、すなわち神との間にある生命を。もし人間が、世界を今日のように強力に支配すること、非合理的なものを世界からすべて追放することに成功し、独立自主の自己存在という過度の陶酔に陥るようになれば、前方に押し出された混沌が、後方から襲いかかる。なぜなら、この混沌とはもともと彼自身の一部にすぎないからである。たしかに、私たちは次のように言うことができる。ほかならぬ理性や計算的評価の凌駕が、今日のヨーロッパ人に、まさに外部世界に対する彼の勝利が保証されたと思われる瞬間に、突如として、心を麻痺させるような感情、すなわち自分がこの理性とともに孤立している、より適切に表現するなら、いわば「自己の理知の牢獄」に囚われているという感情をもたらしたのである。

いまやこの点から、あらゆる現代の音楽的展開の底によこたわる混沌への頽落が理解され、また、なぜこの露わで直接的な形をとった混沌が解放として、それのみか救済として働きうるのかということが理解される。いやほど詰めこまれて、完全にあきあきしてしまった自己の理性というものを連想させる――見かけだけか実際かは別として――一切のものに対する過度の神経過敏も、おなじくここから理解される。シェーンベルクの十二音階作曲法という特有な現象もここから理解されるが、それは、一方では聴衆にあたえる印象という点で混沌の喚起を意味しているが、しかし他方、作曲方式の点ではまぎれもなく技術時代の人間の表現であり、およそ考えうる最も徹底した合理化の過程を示すものなのである。理性と混沌、それはまさに怪物スキュラとカリュブディス(1)であり、現代人はその間で投げたり投げ返されたりしている。その裏づけとして、私たちの音楽活動から無数の細目を引き合いに出すことができよう。しかし、ここではまず大きな輪郭を捉えることが肝要なのであるから、それには触れないことにする。

私たちの看過してはならないこの大きな輪郭は、もう一つ別なことを指摘してくれる。すなわち、さまざまな試みがあるにもかかわらず、ここで問題とされているのは統一ある全体的発展ではなく、部分的な発展にすぎないということである。このような反応を示すのは「聴衆」全体ではなく、「現代人」一般ではない。それはまぎれもなく現代知識人の特定の人々にすぎないのである。

聴衆が足を運び、「支払う」ことによって共に決定を下す役割を演じるあの公開演奏会において、私たちは現代人というものを――それは詮ずるところ聴衆によって代表されるのだから――、たとえば造形芸術の前で多少とも匿名的な存在にとどまるときなどよりも、よりよく認識し、明確に定義づけることができる。しかも一部の人々、つまりこの聴衆の一部分が体験を共にしていないという否定しがたい事実がここにも現われる。人々は真に一体化していない。言い換えれば、私たちはひとつの危機に生きているのである。(2) この危機を否認し、現在の状況が正常で、自然であり、合法則的ですらあると称し、たとえば、十二音階音楽はかつてモーツァルトやベートーヴェンが彼らの時代の精神を作曲したのと同じ意味で現代人の「精神」を表現するものであるなどと主張するようなことは、いかに私たちが「自己の理知の牢獄」に囚われているかを示す実に適切な一つの例である。すなわち、自己の発展をあらかじめ意図し、この意図によって人々に影響をあたえようとするような試みは、なかんずくこれに類するものである。現在の実現よりも未来への注視のほうが重大であり、またこの未来に対する責任はきわめて真剣な事柄であるから、現在を享受する気持などはすべてあとまわしにすべきだという信念も、同じくここに発している。「自己の理知の牢獄への囚われ」という命題を確認するには、すでに一世代以上も前から連続砲火のように私たちの頭上に降り注いでいる、あの現代音楽の美学よりも適切なものはないと、まさに断言することができる。真の発展は意欲され、思考されるものではなく、ただ――運命として――体験されうるだけのものだという感情、未来の意味において活動するには現在を本当に実現する以外にすべはなく、したがって自己の生成した時代に対して意味をもつ作品のみが未来に対して意味を持ちうるという感情は、あまねく喪失してしまったかの観がある。創造芸術家が——実に奇怪なことであるが——理論家、美学者、歴史家などから指図をあおいでいる（このことは現今の音楽文献や現代作曲家の発言など、どれひとつを取りあげてみても証明される）。およそこの事実は、私たちが現にあらゆる芸術思考をかかえて、人類のいまだかつて知らなかった牢獄に囚われていることを示すきわめて明白な実例、確固たる証拠ではなかろうか。まさしく私たちは、現代に対する責任をまぬがれるために未来へと逃避しているのである。「進歩」ないしは「発展」の概念は、それが意識されているかいなかは別として、とにかく私たちにとって一つの脅威となっている。万一この新しい音楽が現在の全ヨーロッパ音楽界を支配するようなことにでもなれば、この脅威はすべての真正なる生命を滅ぼしてしまいかねない。新しい音楽は、自己自身の思考に呪縛されて観念とか計画を疑うことがないから、事実このような可能性を信じているのだ。しかしながら問題は——このことは繰り返し強調しておく必要がある——美化されるにつれて現実に対する発言力を失いがちな理念や計画それ自体ではなく、むしろこれらの理念や計画が音楽を通してどこまで裏づけられ、実現されるかということである。

時代の真の音楽とは創造に関わる事柄であって、イデオロギーの関心事ではない。創造された音楽こそ、およそ存在する最初のものであり、最も直接的なものである。その後はじめて理論的解釈が現われる。この解釈が意味深いものであるためには、できるかぎり厳密に現実に即し、いわば現実の模写とならねばならぬ。もしこれを怠れば、解釈は現実より遊離し、たちどころに妥当性を失ってしまう。とはいえ、このことが明るみに出るのは時とともにであり、最初は解釈がむしろその重要性と発言力とを増すかのように見える。なぜなら解釈とは、しだいに背景に退く音楽を補充するものとして登場するからである。それはあらかじめこのような音楽を「想定」し、また「要求」している。こうした予想的な思考と、理念的な要求の過程が進むにつれて、真の音楽的創造過程は力と直接性を失っていく。いまや音楽家は、対面者である大衆に向かって、もはや直接的に語りかけるのではなく、間接的に語りかけるようになる。すなわち彼は無意識のうちに、大衆をして自分の作品を理解させ、親しませるために役立つような計画とイデオロギーに身を委ねるのである。ここで音楽として語るものは、もはや芸術家＝大衆の直接的な関係から生じたものだけではない。

ところで、大衆とは真に大衆のために書かれた作品だけを完全に受け入れるという法則がある。芸術家＝大衆という愛の共同体は、現実の愛の共同体がいずれもそうであるように、相互性というものの上に成り立っている。ベートーヴェンが彼の最大の作品『ミサ・ソレムニス』に加えた「魂より発し、魂に向かうべし」という有名な脚注は、まさにこのことを意味するものである。人間のために書かれていないものが人間に受け入れられるわけはない。現今のこれほど多くの作曲家たちが、人間にではなく専門家や批評家たちのために書かねばならぬと信じているのならば、さぞかし専門家や批評家の側からは感謝されることであろう。しかし、たとえ人々が冷たい反応を示したからといって驚いてはならない。真の創造者はひたすら直接に、もっぱら生きた人間に向かって語りかける。これがバッハの音楽であり、モーツァルト、ベートーヴェン、そして現在にいたるすべての偉大な作曲家たちの音楽であったのだ。まぎれもなき名人《ヴィルトゥオーゼ》、たとえばリストやチャイコフスキーなどが「大衆」のために（この場合はふつうの軽蔑的な意味が含まれているが）作曲したからといって、それを彼らに非難してはならない。大衆との関係それ自体ではなく、この関係の仕方、つまり芸術家の語りかける大衆のあり方が芸術家を特色づけ、判定するのである。いかなる芸術家も、その人格を通して他者に語りかける。それがいかなる他者であるのかが同時に芸術家の本質を明らかにするのであるが、このことは、芸術家がほかならぬ知的イデオロギーの助けを借りて大衆への接近をこころみる場合にも、彼の力量や才能が問われるのとまったく同じである。

いずれにしろ、今日見られる理論家＝芸術家もしくは芸術家＝理論家という作業は、いわば役割を配分した相関性にもとづく作業、一種の「悪しき循環《チルクルス・ヴィティオズス》」を示している。この点を私たちはつまびらかにせねばならぬ。創造者は自己自身を弁明することができないし、またそれを欲しないから、イデオロギーの援助を必要とする。一方イデオロギー学者は、もはや創造者の忠実な再現だけには満足しないから、自己の権限を越えて「意図し」、「要求し」、それをもって創造者に協力しているものと考える。イデオロギー学者の貢献はこのことによって、これまでは未知の意義を獲得するが、それは創造者の理論的な解明や庇護（創造者がそれをいつでも利用できるような）としてではなく、もっぱら宣伝としてである。

さて、すべての音楽的宣伝が自己自身を、すなわち自己の内容を現代人の本来的な音楽行為として強調しようと努めていることは明白である。ここでなによりもまず問題となるのは、当今の宣伝がこれほども自負し、差し出がましく自己と同一視しようとしている「現代人」とは、そもそも何物なのかということである。

「現代人」だと私が見なすのは、いま現に私たちの眼前にいる人たちである。十八世紀や十九世紀の巨匠たちが関わり合った人々、また彼らを支えてきた人々は、その時代の「現代人」であったわけだ。

現代人は、ただ総括的に、全体としてのみ把握できる。現代人とは、今日の芸術家にとって、まさに過去の偉大な巨匠たちにとって彼らの大衆が意味していたもの、すなわち対面者、「なんじ」、愛の対象であり、創造性の本来の母胎である。それは明らかに、進歩イデオロギーへの信奉にとらわれた現代の美学者が認めるよりも包括的な存在である。こうした美学者は真面目くさった頑固さや自信ありげな知ったかぶりのうちに、自分は運命の行く手、「未来の発展」について確かなことを予言できるものと思いこんでいるのではあるが。現代人は――彼が生産的であるかぎり――なにはともあれ豊かであり、多彩であるが、これに対して現代的な宣伝の人間は貧しいのみか、みずから貧しくなろうとしている。たとえばシュトラウス、プフィッツナー、レーガー、マーラー、シェーンベルク、ドビュッシー、ラヴェル、オネゲル、ストラヴィンスキー、バルトーク、若きヒンデミットなどの活躍した今世紀初頭の音楽界は、いかに豊かなものであったことか。かくも多くの名前、音楽的素材にいどむかくも多種多様な試み、かくも多士済々たる個性！「多くの道はローマに通じる」という言葉を、人々は心底から語ることができた。しかるに現在はどうだろう。音楽祭において、音楽素材の扱い方という点では絶えず注目をひく少数の作曲家たちも、しだいに似たりよったりのもの、均一的なものになってきているのではないか。(3)

さて私たちは音楽家の立場から、そもそも現代人とは私たちにとって何であるのかをまず解明してみたい。私たちのなかでとりわけ未来を注視している人々、すなわち前述のように「自己の思考の牢獄に囚われた」宣伝人たちは、当然のことながら、なににもまして現代人の代弁ということを要求する。包括的な意味での現代人とは、決して意図されたり志向されたりするもの、一口で言えば宣伝向きの事柄ではなく、現実の事柄であるという考えは、彼らの要求と対立する。全き現実とは、ひとが志向するものだけでは成り立たず、いま現に何であるかがなかんずく重要である。まさに大衆の抵抗は、現在なされている絶え間ない宣伝を最初のうちこそ必要とするが、この大衆、すなわちこの「現代人」のうちには、現代美学の強調する特性などとは異なる、別の特性が宿されていることを証明するにいたる。

もっと事態を明瞭にするため、私は以下にさまざまなタイプをあげ、その輪郭を描いてみたい。

まず、あらゆる未来思索の不確実さや、たんなる理知の限界などについて独自の認識を有している人々がいる。このような認識は生まれつきのものであり、のちに得られるものではない。それはいわば本能的な、自然に具わった根源的認識なのである。したがって、このタイプの人間は尽きることのない自然の富を再発見するし、理論に没頭しすぎて人間の心に宿る感情を忘れるようなことはない。こうした認識タイプの人として多くの音楽家、なかんずく他に依存することのない偉大な再現音楽家たちがあげられるが、この人たちは、すでに職掌がら芸術における生と表現の側面を無視することができず、思考されるだけで現実に耳にしない音楽をことごとく真っ向から拒絶する。さらにこの範疇に加えられるのが、高度の学問にたずさわる人々、すなわち自分なりに理知の限界というものをいやほど体験し、それゆえ理知そのものを過大評価するような危険に陥ることのない人たちである。

さらに私はこの認識のタイプに、あらゆる芸術や学問の枠外にいる人、素朴で明るい生を享受している人をつけ加えたい。この種の人は、頭に思い浮かぶなんらかの「発展」を道徳的な諦念とか思索とかによって無理やりに獲得したいというような気持は毛頭ないが、その代わりに、芸術、ほかならぬ自己の芸術を身をもって味わい、それを自己自身の一部とみなし、——実に不吉な言葉ではあるが——それを享楽したいという、一見執拗なまでの要求を持っている。彼は特定の要求をかかげることなしに、別な言い方をするならば先入見なしに芸術に接近し、現代音楽に対しても、なによりもまず本来の自己でありたいという意志と、それを実現する能力を有しているのである。

つまり、音楽家が今日関わり合っている「現代人」という全体は、三種のそれぞれに異なったタイプを包括していると言うことができる。まず最初のものは、私たちがこれまで宣伝人と呼んできたタイプであり、ここではそれを意欲の人と名づけることにしたい。第二のタイプは、より深く洞察し、対立を超え出ている人間であるが、私たちはここでは認識の人と呼ぶ。最後にくるものが、純粋で、明るい、究極的には他に影響されない感情をもって自己を全うする人である。私たちはこれを感情の人と名づけよう。これら三つのタイプからはじめて現代人というものが構成される。現代の音楽を真の意味で代表し、音楽が存在するかいなかについて真の判決を下し、私たちの芸術的未来を真に決定し、形成する現代人が構成される。

ただし私は、ここに述べる三つのタイプが純粋な形で存在するのは稀であることを強調しておきたい。現実において、私たちの出会い、私たちのすべてが——人によって多少の差はあるが例外なしに——関心を寄せている人々は、そのほとんどが、これら三つのタイプを混合したものである。しかもそこには明らかに変動性が見られ、同一人物であるときには一方のタイプ、あるときにはむしろ別のタイプを代表するということもあるように思われる。しかし一般にこれらのタイプは、簡潔な言い方をするならば、現代人の自意識を決定するものの中味を含んでいるのである。

さて今日、私が意欲のタイプと名づけた人々が舞台の前景に立っていることは明らかである。なぜなら、このタイプは積極的に現実を志向するからである。なかんずくここに属するのは、文筆もしくはそれ以外の手段（ラジオ放送など）によって音楽政策を実施しなければならないと信じている人々である。リヒャルト・シュトラウスとナチス宣伝省長官のゲッベルスとが私の面前で取りかわした対話のことが、ここでありありと思い起こされる。この対話において、数十年間も進歩の支持者として崇拝されてきたリヒャルト・シュトラウスは、自分の耳で聴いて自分で判決を下したいという大衆の要望を熱烈に擁護し、それ以外の判定者に、これに介入するいかなる権利をも否認したのである。ところで、今日の現代的宣伝に仕える人はシュトラウスの忠実な弟子ではなくて、ゲッベルスのそれである。それは行動の人間であり、この広い世界において、もはや心から承認できるいかなる相手、いかなる「なんじ」にも出会うことなく、つねに自己の同類だけを見出している人間である。それゆえ彼は徹底的な圧制の意図をもって世界にのぞむ。彼の生活感情は、感知することや認識することに向けられず、ひたすら権力の獲得に向けられる。権力への意志――ここで晩年のニーチェはいかに深い洞察をしていたことか――、自然を支配し、人間をも支配しようとする権力への意志が、この種の人間の中核をなしている。彼が音楽界においても権力を独占し、成果をおさめたということは決して不思議ではない。その成果とは、この種のタイプがまだ今日ほど多くなく、これほども仕上げられていなかった以前の時代においては、まったく想像もできなかったような成果である。そして彼は、いかに確固たる目標意識、いかに仮借なき態度をもって、この権力を駆使しうることであろう。いかに完璧に組織化するすべを心得ていることだろう。事柄に関するいかなる疑惑も彼の心を動かすことはない。リヒャルト・シュトラウスが主張した芸術家の正義心、騎士道精神、誠実さなどの立場、すなわち自分のおそらく理解しない他の傾向の芸術家たちにも、大衆のまえで身の証《あかし》を立てる可能性を持たせてやるべきだというような立場を、彼は知らないのである。彼の現代性についての、かたよった狭小な概念に即応しない人々が何を語ろうとも、彼はまるで耳を傾けようとしない。この人たちは黙殺され、無視され、嘲笑されるのである。

つねに権力というものは――従来いつもそうであったように――権力を獲得しようとする人々の掌中に収められている。音楽界の内部でなら、それによって一時的に才能淘汰の過程を妨げることもありえよう。しかし音楽の未来は彼らによってなんら左右されることはない。なぜなら、音楽の未来とは取りもなおさず現代人そのものの未来なのであるから。この現代人全体と今日の音楽政策家、私たちが宣伝人と名づけた人々とが同一のものであるという主張は、後者によって飽くことのない執拗さをもって絶えず繰り返されている。なぜであろうか。それは、すべてを未来に賭ける宣伝人の全存在がこのような考えに――自己ならびに他人に関して――支配されているからにほかならない。それにもかかわらず、いな、それゆえにこそ、この考えは間違っている。一方では観念的な宣伝、他方では抽象的に思考されるだけで実際に聴くことや体験することを無視した音楽、この両者の間に成り立つ奇妙な悪循環を私たちはこのあたりで解決する必要がある。私たちが自己自身に立ち帰ろうと決意し、たんなる理論的な未来信仰に帰依することをやめて再び私たち自身の現在に向かい、再び生への信頼を回復しないかぎり、この悪循環から絶対に脱脚することができない。

とりわけ意欲の人に欠如するものは対面者であり、「なんじ」である。すでに述べたように、意欲の人、この世における果てしない権力追求の人間は、より深い意味において、すなわち内面から見て、ただ自己自身に遭遇しているにすぎない。一切を可能とする知性の陶酔が彼の思考全体のうえに影を投げかけ、畏敬を要求する現実の相対者はもはや存在しないのである。さて、私たちがこの対面者、この「なんじ」をいかに名づけるか、その名が神であるか自然であるか、あるいはこの両者ともであるかというような問いは、そもそもこの対面者が存在するという事柄に比すれば、それほど重要ではない。生命の数量化がいちじるしくなるにつれて、その傾向にもはや即応しないすべての体験や感情はしだいに背景に退き、ついには全面的に姿を消してしまう。いまいちど、この事実をきわめて身近な現実の体験として心に銘記してほしい。過去の人間にとって偉大な「なんじ」を意味していた自然は、ただ征服され利用されるだけのものとして存在し、もはやいかなる「なんじ」でもありえない。「なんじ」との関わり合いによって必然的に生じる一切の感情、すなわち畏敬、驚き、静寂、瞑想などは、祈りなどのように直接に宗教的な次元に属している現象については言うまでもないが、しだいに力をなくし、もはや培われることなしに消え失せて行く。すでに人々は過去の時代の、たとえば十九世紀の「英雄崇拝」に――それは詮ずるところ英雄の神的自然への崇拝にほかならないが――憤りをおぼえはじめ、これに代わって歴史的把握をかち得たことを誇りとしている。これは、すでに過去のものとなったロマン主義の時代に見られたさまざまな崇拝とはおよそ縁遠いものである。

さてこの「なんじ」の欠如は、ほかならぬ芸術としての音楽にとって不吉な意味を有している。すなわちこの欠如は、芸術形式がもはや本来の意味において発展しえないという結果をもたらす。なぜなら芸術形式とは、いやしくもそれが成立するためには、芸術家の対面者との戦い、もしくは対決を必要とするからである。

芸術形式とは何であるかについて、私はここでは意見を差し控えたい。それは一つの秘密である。この秘密を体験によって知る者には謎を解くことが容易であるが、そうでない者にとっては言葉による解明がきわめて困難なものとなる。ここでは次のことだけ述べておく。すなわち芸術形式とは、芸術家とその対面者つまり神の世界との戦いから生まれ、共同体すなわち生きた人間に語りかけるものなのである。このような対面者、またこのような語りかけるべき共同体がなければ、芸術形式は無意味で無目的なものとなってしまう。混沌との異常な親和性を有している現代人から見れば、芸術形式とは元来この混沌を呼び出し、呪縛することにほかならない。それは混沌に名をあたえ、混沌を捕縛するのである。それは音楽において、ヴィジョンとして把握された全体から微細な個々の部分にいたるまで、まさにこの意味において自己を表出する。芸術的に捕縛された混沌は、大規模な交響曲の全ヴィジョンのうちにも、メロディーと呼ばれるあの一点への凝縮のうちにも潜んでいるのである。(この意味において、オペラ『カルメン』の一つのメロディーのうちには、あまたの冗長な同時代の作品におけるよりも、多くの本物の「混沌」が含まれている。)

ところで私たちが変形と形成のプロセス、つまり芸術作品の形姿化を回避しようとするとき——現代人には露わな混沌を捉えることがあまりにも切実で、直接的な問題となっているためか、それとも私たちが相対者、すなわち「なんじ」をもはや持たず、混沌に名前や形姿をあたえることができないためなのかは別としてであるが——、つまり私たちが混沌にじかに迫ろうとするとき、まさしく宿命的なことであるが、そこに生起するものは、絶えず繰り返し同じもの、すなわち混沌でしかない。なるほど形成過程を経なかったある種の芸術にしても、混沌を宿している。しかし『カルメン』のメロディーの場合とはちがって、奇妙に色あせた、無責任な形態のうちに混沌を宿すのである。この種の芸術は非合理的である。しかも、それが自己の背後にある創造的人格を(これまでの芸術とは反対に)表現するのではなくして、むしろ覆いかくすという意味において非合理的なのである(このことは今日の大量生産的な作曲を裏づける理由の一つともなっている)。それと同時に、この芸術はまた稀に見るほど非現実的である。それが特定のタイプの人間には、発展の一段階において、一瞬あたかも救済のように感じられるにしても、やはり非現実的である。芸術としての音楽は共同体を前提としている。造形芸術や文学の場合も、そうでないわけではない。しかし音楽界、とりわけ公開の場においては、この共同体が聴衆として直接的な、いわば人格化された役割を演じてきた。造形芸術家の社会においては、今日しばしば市場からの、つまり大衆相手の市場からの独立ということが礼讃され、高く評価されている。音楽に関するかぎり、そのようなことは考えられない。ここではいぜんとして、個人の、いわゆる大衆的成果からの独立ということが極端な個人主義であると見なされている。それのみか、音楽が現在においても共同体を前提としているという事実は、他のいかなるものにもまして、私たちの人間、自然、神との結びつきを失うべきではないとの警告であるように思われる。

この共同体の意義についての自覚が、私のこの論述全体の根底をなしている。肝要なものは、つねに、あらゆる芸術の背後に立ち、芸術によって表現される人間である。芸術とは、芸術を創る人間のことである。私が現代の人間を信じるかぎり——もちろんそれは、自己の思考の牢獄に囚われたあの偏狭で不自然な変種だけでなく、広さ、深さ、愛、熱情と認識を具えた現代人の全体を意味するわけであるが——、現代人の芸術によせる私の信頼と希望も裏切られることはないであろう。

（一九五四年）

（1）　オデュッセウスがトロイアから本国のイタケへ帰る途中に出会った海の怪物。スキュラは絶壁の上の洞穴に住み、船が近づくと六つの蛇の頭をのばして船員をとらえる。カリュブディスは大きな渦の怪物で、どのような船でもその渦によって岩の裂け目に捲きこまれてしまう。『オデュッセイア』第十二歌参照。

(2)〔編者注〕この原稿用紙の裏面には、著者の次のような言葉が付記されている。「これらすべては非常に一般的に、非常に抽象的に表現されている。しかし私はまた個別的にも幾度となく以下の事実を体験した。それは、忌まわしい知性、すなわち偏見的な誤った臆病さが――偏見的な臆病さで誤っていないものがあろうか――個人に、いなグループ全体、国民全体に、あれこれの芸術作品に対して正しい姿勢をとることを妨げているという事実である。」

(3)〔編者注〕原稿には、この段落の横に、著者の「但し……」の傍注がある。これは補足の意図があったことを思わせる。

訳者あとがき

本書は、ヴィルヘルム・フルトヴェングラーの没後二年にあたる一九五六年にF・A・ブロックハウス社より刊行された『遺稿集』（Vermächtnis）の全訳である。これによって書簡、手記、対話なども含むフルトヴェングラーの全著作がわが国に紹介されたことになる。ズーゼ・ブロックハウスの「序文」にもあるように、ここには指揮者が三十年にわたってカレンダー式の手帳に書きこんできたアフォリズム風の省察と、生存中には発表されなかった十一篇の論文とが収録されている。

十七年前に訳者がこの遺稿集を「音楽ノート」として白水社より刊行したとき、たまたま当時ハイデルベルクで知己を得た指揮者の実妹メリット・フルトヴェングラー＝シェーラー夫人の助言もあって、一九一五年の論述『一音楽家の時代的考察』は、あまりにも「未定稿としての性質」が多すぎるという理由で収録を差し控えた。しかし私には、その後、この一篇を省いたことに対する遺憾の念が時とともに強まってきた。今回、白水社の藤原一晃氏のお勧めにより、この一篇を加え、他の部分の訳出にも訂正をほどこして、本書を改訳・完訳新版として刊行することができたのは訳者にとって非常な喜びである。

『一音楽家の時代的考察』は、二十九歳のフルトヴェングラーによる処女論文で、原書で二十六ページにおよぶ大作である。たしかに、のちの論述に比べれば表現の難渋さ、論旨の不鮮明さなどを感じさせる個所も少なくない。だがマンハイム歌劇場の指揮者としてヨーロッパ楽団に華々しくデビューしたこの若き天才指揮者が、ひそかにペンを手にして地味で学究的な音楽省察に専念していたこと自体、すでに驚嘆すべき出来事ではなかろうか。論者は、「進歩」のイデーに振りまわされがちな当時の音楽界の現状を冷静に観察しつつ、創造の源泉となる内面の全体的ヴィジョンから出発して素材の形象化を目ざす芸術家の本来のあり方をひたむきに追求している。ヴァーグネリアン批判を通してのヴァーグナー再発見という将来の大きな課題が予告されているし、また、やがてフルトヴェングラーの音楽観の一支柱となる「有機体としての音楽」の思想も、いち早くここに萌芽していることは見落とせない。

第一部「カレンダーより」については、その成り立ちについて若干の説明が必要であろう。ここに収められた一三二篇のアフォリズムは、指揮者が三十八歳のときより死の年にいたるまで絶えず手元に携え、そこに自己の音楽や時代に関する感想や考察を書きこんでいた大型の手帳から選び出されたものである。これらの手帳は全体で五十二冊にのぼるが、『遺稿集』編集の時期には、いまだベルリンやスイスの各地に分散していた。当時、指揮者の妻エリーザベト夫人がとりあえずクランの自宅に所在していた手帳の山から適切なものを選択し、整理したものが、「カレンダーより」に発表された語録である。ようやく一九七五年になって、これらの手帳のすべてが回収され、チューリヒ市中央図書館にまとめて保管されることになった。その後、夫人と同図書館音楽部長のG・ビルクナー博士とがその全体を整理・編集して一九八〇年に発表したものが『フルトヴェングラーの手記　一九二四―一九五四』（邦訳版、一九八三年、白水社）にほかならない。その際、すでに「カレンダーより」として発表された分は重複を避けて収録されなかった。

『一音楽家の時代的考察』にはすでにふれたが、第二部「論文と断片」には、巨匠ニキシュの指揮法に即して真の演奏を支える精神にふれ、「慣れ」に堕しがちな現今を批判する『指揮の諸問題』、哲学者シュペングラーの生物学者的な眼を通して現代の音楽に「生の衰微」を指摘する『精神の死』、また孤高の芸術家プフィッツナーのうちに現代という苦難の時代に生きる自己の似姿を読みとり、晩年のプフィッツナーの作品に現われた「自然らしさ」に注意をうながす『ハンス・プフィッツナーの作品』など、まさに時代の危機を通して芸術創造の本来のあり方を究明していく音楽思想家フルトヴェングラーの本領を示す貴重な論述が数多く収められている。なかでも圧巻をなすものが死の直前に書かれた『混沌と形象』であり、それは時代に対する痛烈な警告よりなる、フルトヴェングラーの現代人への遺言とすらいえる記念碑的な論文である。

フルトヴェングラー夫人と訳者
（バセ・クロン荘にて，1983年）

一九五四年十月八日にアトランティス出版社の社長M・ヒュルリマンがクラランのバセ・クロン荘を訪問したとき、気管支炎のため病床に伏していた指揮者は、彼に講演の一草稿を手渡している。それは、来る十二月十五日にバイエルン美術アカデミーの招聘によってミュンヒェンで行なわれる予定の講演の草稿であった。残念ながら、この講演は実現されなかった。一か月後に指揮者は病状が悪化したためバーデン゠バーデン郊外のサナトリウムに移され、十一月三十日、ここでついに不帰の客となったからである。原稿には「講演」とだけ記されていたが、ヒュルリマンはこれに目を通し、きわめて意義ぶかい論述であることを知ったので、その一年後の一九五五年に、『音楽家とその聴衆』というタイトルを付して単行本としてアトランティス社から出版している。タイトルは変じたが、後日これを遺稿集に収めたものが『混沌と形象』である。タイトルの変更は、おそらくフルトヴェングラー自身の意を汲んでのことであろう。ちなみに彼は、一九五四年十月二十四日付、E・プレトーリウス宛の手紙において、講演の題としては「音楽における非合理的なもの」、「混沌と形象」、あるいは「一音楽家の所感」、この三つのうちどれかを選びたいとの意を伝えている。

フルトヴェングラーは透徹した歴史眼と稀にみる鋭い時代感覚の持ち主であったが、この論述では現代の音楽に見られる時代の危機を洞察して、この憂うべき危機状態の病根を容赦なく糾弾している。その大胆な発言には、ただならぬ勇気と決断とを必要としたことであろう。上述のプレトーリウスへの手紙においても、彼は一方では芸術家として「みずからの墓穴を掘る」結果になりはしないかとの憂慮を洩らしつつも、今こそ「真実」を語るべきだと述懐しているのが印象的である。

さて『混沌と形象』の内容であるが、フルトヴェングラーは、ほぼ無調性音楽の台頭とともに始まる音楽界の変貌に着目して、まずそこに作曲家の聴衆からの隔離を指摘している。ベートーヴェンが『ミサ・ソレムニス』に脚注として「魂より発し、魂に向かうべし」と記したように、そもそも音楽行為とは音楽家と聴衆との間の生きた対話であり、両者の「愛の共同体」のうえに成り立つものである。ところで理論とイデオロギーをやたらと振りかざす現代音楽家は、自己の流派に仕えはするが、聴衆に仕えることは知らず、もっぱら要求をもって聴衆に立ち向かうだけである。「新音楽」にとっての聴衆とは真の広汎な聴衆ではなく、限られた特定の知識人にすぎない。芸術家を裁く「なんじ」としての聴衆の喪失とともに、神であれ自然であれ、無限者として、非合理的なものとして人間に畏敬を強いる偉大な対面者が姿を消し、これによって現代人は謙虚さというものを失ってしまった。芸術家が語りかけるべき共同体、また対面すべき無限者をなくした場合、芸術形式は創造行為の基盤から遊離し、まるで無意味・無目的なものになってしまうと言う。

人間の不遜さに発する音楽の危機が、作曲行為そのものについても指摘される。人間とはそもそも混沌と理性との間に生きる存在である。ベートーヴェンは内に無限の混沌を宿しながらも、それとの真摯な対決によって混沌を明確な形象へと高めることができた。この精神による形象化を経ない露わな混沌が、現代音楽の新しい特性として宣伝されている「混沌への親和性」の実体にほかならない。たしかにシェーンベルクの十二音階作曲にしても、印象的には混沌の喚起を思わせるが、作曲方式そのものは計算と技巧を駆使した頭脳の産物であり、まさに技術時代の人間の表現方式であり、前方に押し出された混沌が後方から襲いかかっているにすぎない。ここにフルトヴェングラーは現代人の「混沌への頽落」を、さらにその背景に「理知の牢獄」への囚われを読みとり、現代人とは「混沌」と「理知」という名の二つの怪物に翻弄される存在であるとも解釈する。もちろん彼にしても、バッハやモーツァルトの時代に還ること、つまり時計の針を逆行させることが不可能であることを知っている。いかにしてこの混沌と理知の悪循環を断ち切り、真に創造的な芸術行為を現代に取りもどすべきか、この途方もなく大きな問いを、論者はいくつかの示唆のもとに読者に投げかけている。

E・プレトーリウスによれば、『混沌と形象』におけるフルトヴェングラーの真意は、恐るべき知的病弊に陥った科学技術中心の今日に芸術を存続させるためには、「人間の生物的本質」を重視し、「人間のなかに、人間を通して自然を認識する」というゲーテの全体的な立場を音楽にも強調するところにあった。「音楽は、案出されたり構築されたりするものではなく、成長したもの、いわば直接に《自然の手》から生まれ出たものである。」(「カレンダーより」一九五二年)技巧や作為を排し、あくまでも人間に生きる「自然」を重んじる、この巨匠の言葉に、現代のわれわれは改めて謙虚な気持で耳を傾けてみたい。

この偉大な指揮者は一八八六年一月二十五日ベルリンに生まれ、一九五四年十一月に六十八年にわたる生涯の幕を閉じた。四年前の没後三十年、二年前に生誕百年という出来事もあって、ここ数年間にドイツ本国はもとより、わが国でもフルトヴェングラーに関する新しい書物や特集号が次々と刊行され、レコードの売れ行きも一段と高まり、まさにフルトヴェングラー・ルネサンスの観すらあった。この間、ながらく巨匠の著作に親しみ、多大のものを学びとってきた私は、少なくとも彼自身の著作活動の成果を、できるだけ早い時期に、完全な形で日本に紹介しておくべきではないかという責任感めいた気持を抱きつづけていた。

かねがねフルトヴェングラーは、ヨーロッパ音楽に対するすぐれた受容性という点で日本人を高く評価していた。今この日本で巨匠のすべての著作が紹介されるにいたった喜びを、クラランのエリーザベト夫人に一日も早く知らせたい。最後に、この遺稿集の完訳という貴重な機会を御提供いただいたのみならず、編集その他の煩雑な仕事をお引き受け下さった白水社の藤原一晃氏に、その御好意と熱意に対して心からの謝意を表しておきたい。

一九八八年三月三十一日

芦津丈夫

訳者略歴
一九三〇年生
一九五三年京都大学文学部卒
ドイツ文学専攻
京都大学名誉教授
花園大学教授
二〇〇一年没
主要著書
『ゲーテの自然体験』
主要訳書
フルトヴェングラー『音と言葉』
『フルトヴェングラーの手記』(共訳)
シュタイガー『音楽と文学』
リース『フルトヴェングラー——音楽と政治』(共訳)
ヒュルリマン『フルトヴェングラーを語る』(共訳)
キルケゴール『愛のわざ』(共訳)

本書は一九八八年、九九年に小社より刊行された。

音楽ノート《新装復刊》

二〇一八年五月　五日　印刷
二〇一八年五月二五日　発行

著者　ヴィルヘルム・フルトヴェングラー
訳者©　芦《あし》津《づ》丈《たけ》夫《お》
装幀　遠藤一成
発行者　及川直志
印刷所　株式会社三秀舎
発行所　株式会社白水社

東京都千代田区神田小川町三の二四
電話　営業部〇三(三二九一)七八一一
　　　編集部〇三(三二九一)七八二一
振替　〇〇一九〇-五-三三二二八
　　　郵便番号　一〇一-〇〇五二
www.hakusuisha.co.jp

乱丁・落丁本は、送料小社負担にてお取り替えいたします。

株式会社松岳社

ISBN978-4-560-09640-6

Printed in Japan

白水社の本

ブルーノ・ワルターの手紙

◆ロッテ・ワルター・リント 編／土田修代 訳

モーツァルトの名演奏で知られる巨匠の書簡集。ロマン派音楽を経て古典的明澄を求めてゆく精神の軌跡が随所に垣間みえる。

カザルスとの対話（新装版）

◆ホセ・マリア・コレドール 著／佐藤良雄 訳

巨匠カザルスが、すべてを語る——演奏家・作曲家としての波乱に満ちた足跡、バッハから現代音楽にいたるまでの音楽観や演奏法について。チェロ奏者たちの「聖典」、待望の新装復刊。

カラヤン 自伝を語る（新装版）

◆フランツ・エンドラー記／吉田仙太郎 訳

楽壇を支配した帝王カラヤンが、幼年時代から地方劇場での修練を経て、ベルリンフィルを勝ち取り、玉座にかけのぼるまでを自ら語った唯一の書。野心に満ちた生涯のドキュメント。